—— 新编全国旅游中等职业教育规划教材 ——

现代会务服务

XIANDAI HUIWU FUWU

艾 院◎主编

北京·旅游教育出版社

本书编委会

编委会主任　顾建明
编委会委员　王雪华　王韶红　江剑峰　滕军燕
编写组成员　俞　云　艾　院　何　方　程月红
　　　　　　　黄臻轶　程　泉　朱敏杰　丁　辉

前　言

2014年在中国举办的亚信峰会和APEC会议引起人们的高度关注,会展业的迅猛发展与国家的经济发展及综合国力的提升有着密切关联。我国会展业正逐步走向国际化、专业化、规模化和品牌化,有经济发展和社会进步的"助推器"之称。国际会议还可以带动旅游、商业、物流、餐饮、住宿等相关产业的发展。近年来,我国在国际事务中承担着越来越重要的责任,必将成为亚太地区重要的会展中心,所以,如何培养高素质的会议服务人才成为迫在眉睫的问题。

"会议服务"是高星级酒店运营与管理专业的一门专业课程,主要着眼于提高学生的综合服务素养,培养学生从事会议现场服务的能力。本教材的编写参照《职业教育国际水平高星级饭店运营与管理专业教学标准》,参考了众多行业专家的著作,萃取精华,集思广益,搜集了最新的会议案例来创设情境,补充与会议服务相关的人文知识、专业知识、英语知识等,力争达到知识体系的完整。全书分为三个单元:走进会议服务、会务服务员应具备的职业素养、体验会务现场服务。内容的编写突出项目教学法,如第三单元"体验会务现场服务"根据会议服务的实际工作任务设置了以下项目——会前服务、会中服务、会后服务,并根据当今国际会议服务的实际需求补充了"会务服务常见英文词汇及会话"的项目,体现编写内容的逻辑性和实用性。

本书由上海市奉贤中等专业学校艾院老师主编,上海旅游高等专科学校的李晓云老师、吴旭云老师、李勇平老师、张建业老师,上海市奉贤中等专业学校的顾建明老师、俞云老师、何方老师、丁辉老师、程泉老师、黄臻轶老师、朱敏杰老师等参加了本书的编撰工作。在本书的编写过程中参阅了多部文献著作,在此向相关作者一并表示感谢!

由于编者水平有限,本书难免存在错漏和不足之处,恳请读者批评指正!

编者

2014年12月

目　录

第一单元　走进会议服务 ··· 1
　项目一　了解形形色色的会议 ·· 1
　项目二　了解会务服务的内涵 ··· 13

第二单元　会务服务员应具备的职业素养 ······························· 22
　项目一　会务服务员的岗位要求 ·· 22
　项目二　会务服务相关基本礼仪 ·· 29
　项目三　会务服务相关民俗知识 ·· 59
　项目四　会务服务其他相关技能 ·· 86

第三单元　体验会务现场服务 ·· 96
　项目一　会前服务 ··· 96
　项目二　会中服务 ·· 117
　项目三　会后服务 ·· 142

附录　会议服务常见英语词汇及会话 ··································· 148
参考文献 ·· 159

第一单元 走进会议服务

项目一 了解形形色色的会议

【学习总目标】
- 了解会议的基本概念
- 了解不同类型会议的基本服务要求
- 了解会议产业的基本概念

【学习分目标】
- 了解会议的基本要素
- 了解会议台型布置的类型
- 了解会议产业的含义
- 了解会议产业对会议市场的影响

【学习情境】

看看上面这张图片,在金碧辉煌、宽敞明亮的会议厅里,灯光柔和,桌椅摆放整齐,桌上摆有给每位与会者准备的纸笔和饮用水,投影、屏幕、会标等一应俱全。这样的会场布置也可以出自各位之手哦!

那么,会议服务跟我们所学的酒店专业有何关联呢?

【学习任务】

一、会议的含义与特点

会议,简而言之,就是相聚而议的意思。人们在一定时间内,有目的有组织地把有关人员召集起来,通过集中讨论商议,阐述不同的观点和看法来认识问题、解决问题的活动,就是会议。

会议的形式多种多样,包括:销售会、培训会、宴会、酒会、座谈会、新闻发布会、签字仪式,等等。

会议一般包含以下八个要素:

(1)主办者:会议举办方,也称会议的发起人或东道主。现在一般较大型的会议还有主办者、承办者、协办者之分,但都为会议的举办方,只是分工不同。

(2)与会者:参加会议的对象,是会议的主体。与会者一般以会议涉及的范围和内容而定。按照其会议参与程度的不同,一般可以将与会者分为会议贵宾、特邀嘉宾、与会代表等。

(3)议题:召开会议所需要讨论或解决的具体问题。议题体现召开会议的目的,是为什么要议、议什么的具体目标。

(4)名称:一般包括"会议的主要议题+会议"。

(5)方式:用以达到会议效果的会议样式和手段。

(6)时间:会议日期或召开会议的具体时间。

(7)地点:会议所在地。大型会议还分主会场、分会场等。

(8)结果:会议结束时实现会议目标的程度,是会议所期望最终达到的效果。

上述八个要素中,主办者、与会者、议题和结果是会议的基本要素。

二、会议的类型

会议客户具有不同于一般酒店客人的特点和需求,每一次会议的过程都是不可复制的,因此更需要酒店针对每次会议主题提供有针对性的服务。

会议类型很多,只有全面、系统地认识会议类型,才能合理地设计会议台型,为客人提供有针对性的服务。几种主要的会议类型见下表。

第一单元　走进会议服务

几种主要会议类型

分类标准	具体种类	说　明
会议规模	小型会议	参加人员在百人以下
	中型会议	参加人员数百人
	大型会议	参加人员数千人
	特大型会议	参加人员在万人以上
信息传播方式与手段	现场会议	所有(绝大多数)参会者处于同一开会现场,能够开展面对面的交流
	电话(电视)会议	参会者分布在不同的多个会场,信息通过电话(电视)网络传输,不便开展面对面的交流
	网络会议	参会者分布在不同场所,甚至每个人都在各自的办公场所内,信息通过互联网传输,借助于网络技术可以开展一对一、一对多等方式的交流
主题与内容	工作会	主要围绕业务工作展开
	展销会	主要内容是各类商品的展示、推销与采购,期间会举行一系列的分项活动,如签字仪式、发布会等
	培训会	主要内容是针对某一课题对参会者进行培训和教育,使其提高相应的素质或技能
	学术会	参会者围绕某一共同课题进行研讨和交流
功能与目的	决策会	为进行某项决策而召开,会议成果为决议或决定
	执行会	对某项工作进行部署,明确分工和要求,如各种动员会、协调会、现场办公会
	讨论会	围绕某项课题进行研讨,一般要有明确的成果
	发布会	主要目的是发布相关信息、说明有关情况
	纪念会	为了表达对某一重大事件或重要人物的纪念而召开
召开周期	定期会议	按照确定的周期召开,如年会、例会等
	临时性会议	根据工作需要而召开,没有固定周期

续表

分类标准	具体种类	说　明
阶段特征	预备会议	为了使会议取得更好的效果,在正式会议开始之前召开的会议,主要目的是统一思想,并对会议的筹备、安排、议程、文件等各方面的情况进行审查
	正式会议	全体参会者按照确定的议程参加的会议
安全级别	秘密会议	会场不允许正式参会者之外的其他人员在场,会议内容和召开情况不对外公开
	公开会议	会议内容和召开情况完全可以公开,会场可以进行公开采访

还可以从其他不同角度对会议进行分类,例如:

按区域分,有世界大型会议、国际性的会议、全国性的会议、长三角区域会议或华东六省一市会议等。

按内容分,有政治类会议、政务类会议、事务类会议、商务类会议、经济类会议、军事类会议、学术类会议等。

按形式分,有有聚有议的会议,如讨论会、座谈会等;有有聚不议的会议,如报告会、动员会、表彰会、纪念会等。

按照会议的性质来分,又有以下几种:

法定性或制度规定性会议,如党代会、人代会、职代会、妇代会、股东大会等。

决策性会议,如常委会、党组会、理事会、行政会、董事会等。

工作性会议,如动员大会、工作布置会、经验交流会、现场办公会、总结会、联席会、座谈会、协调会、务虚会等。

专业性会议,如研讨会、论坛、论证会、听证会、答辩会、专题会、鉴定会等。

显示性会议,如表彰会、纪念会、庆祝会、庆功会、命名会等。

商务性会议,如招商会、订货会、贸易洽谈会、观摩会、产品推介会、促销会等。

联谊性会议,如接见、会见、茶话会、团拜会、恳谈会、晚餐会等。

信息性会议,如新闻发布会、记者招待会、报告会、咨询会等。

总之,酒店会议服务人员应该根据会议的类型大致了解其服务要求。例如政府会议或政治性会议通常变化多,保密工作、安全工作要求高;庆功表彰类会议往往与建设项目竣工、公司年会、活动申办或举办成功有关,会场气氛较热烈,通常需要有颁奖仪式、活动启动仪式等;学术型会议参加者则以专业人员居多,会期相对较长,很多时候需要小会议室作为讨论的分会场;公司的董事会或高层会议通常中小型规模居多,倾向于使用设施完善的小型会议室,有一定的保密性,对服务要求细致便捷,会议的人均消费水平普遍较高。会务人员要善于总结各类会议的服务要求,为客户设计完善的服务流程。

三、会展经济

国际酒店业通常用英文"M.I.C.E."来表示"会议"这个酒店重要的细分市场,即会议产业或会展经济,其含义如下:
- M——Meeting 会议
- I——Incentive travel 奖励旅游
- C——Convention 研讨会
- E——Exhibition 展览会

随着会展业的发展,越来越多的星级酒店开始关注会议客源市场,并投资建设各种类型的会议场馆,甚至出现了专门经营会议服务的度假村和酒店。

1. 会议产业的发展

"会展经济"是由会议活动的开展引发的一种综合经济效益,直接带动旅游、饭店、交通、餐饮、广告等相关产业的发展。一国的会展经济实力和发展水平是与该国经济实力和经济总体规模及服务水平息息相关的。发达国家会展业在世界会展经济发展中处于主导地位,占有绝对的优势;而随着发展中国家地区经济实力的增强,其会展业也在蓬勃发展。

日内瓦

"世界会场"——瑞士日内瓦每年召开超过3万人次的国际会议。负责安排会议的服务公司或接待单位应运而生,推动了人口的就业和经济的发展,成为一个令人瞩目的新兴产业。这是因为会议的召开直接或间接促进了经济发展,产生经济效益,从而形成了会议产业。

巴黎

有"国际会议之都"之称的法国巴黎,以其明媚的风光、丰富的名胜古迹、多姿多彩的文化活动以及现代化的服务设施,吸引了众多的国际会议组织者纷至沓来,目前每年巴黎要承办300多个国家性会议。联合国教科文组织(UNESCO)、经济合作与发展组织(OEKD)、国际商会(IKC)、巴黎俱乐部(Paris Club)等国际组织的总部均设在巴黎。1994年,巴黎还专门成立了一个"会展局",其主要任务就是向会议市场的供求双方提供咨询和会务服务,在国际市场上"推销"巴黎。

上海"世博会"

近年来,上海一大批国际会议场馆相继建成,构筑了面向世界的讲坛,完善了上海城市的综合服务功能,不断地吸引国际组织的高层次会议来上海召开,促进了国际间的交流与合作。上海国际会议中心因 2000 年举办 APEC 会议而一举成名。2010 年上海世博会的成功举办,更为上海市会议产业提供了一个实现跨越式发展的巨大历史机遇。近年来,上海承办的国际会议数量呈逐年上升的趋势,会议服务功能的开发也越来越受到重视。

随着会议举办手段的不断创新,人们对会议功能的认识不断深化,进而使会议功能得到不断拓展,与会议相关的各种具有会议形式和特点的活动日益丰富多彩。

2. 会议产业对相关领域的影响

会展是通过召开发布会、贸易洽谈会等各种会议,用实物、文字、图表来演示或展示产品成果、特点的一种宣传形式,是综合运用多种传播手段展示产品、促进交易的一项商务活动。会展是会议和展览的简称。会议和展览两者你中有我,我中有你,是一个不能截然分开的组合体。随着社会经济的深入发展,会展业作为一项"朝阳"产业,其价值和潜力已越来越被大家所认识。

会展在目前的营销媒介中,是最见效的一种。不少城市通过举办大型会展活动,提高了城市知名度,繁荣了市场,促进了城市经济的发展。上海的华东商品交易会、海南的博鳌论坛、杭州的西湖博览会、广州的中国出口商品交易会等会展活动已成为城市的品牌,在全面建设小康社会的进程中,做出了突出贡献,取得了令人瞩目的成就。我国已成为继日本、泰国、新加坡、韩国之后,亚洲的又一会展业大国。

3. 会展活动的形式

会展活动主要有以下几种形式。

(1)会展旅游

会展旅游是召开会议、参加展览和观光旅游的总称,是近年来发展迅速的一项产业。人们在参加会议和展览会之余,少不了要到当地及附近的景区、景点、商业区和街区走一走,逛一逛,因而出现了会展旅游。会展旅游对于带动经济发展、提升城市地位、跻身国际环境、参与国际竞争、争取更大发展,都具有重要意义。

位于瑞士阿尔卑斯山边的达沃斯,只是一个常住人口不过 1 万的小镇,但目前它的国际知名度直逼日内瓦、洛桑、伯尔尼等以开办会展而闻名的国际大都市。究其原因,成功的会展旅游不能不说是一个重要的因素。这里雪峰绵延,景色如画,自然条件优越,符合当今回归自然的时尚,被称为欧洲的"人间天堂",是举办会展的好地方。在达沃斯,会议被比喻为"面包",当地拥有全套最先进的会议接待设施,设施和服务一应俱全。更重要的是,人们开发会展旅游的意识非常强,承办会议的水平非常高,会展旅游成了当地主要的经济收入来源。当各国政要和商界巨头在这个小镇聚首,全世界众多媒体都聚焦达沃斯,由此产生的无形资产是无法估量的。

云南昆明举办世界园艺博览会之际,吸引了无数国内外人士游览欣赏昆明湖光山色、奇花异草,加上品尝当地小吃,体验少数民族风情,成就了一次生动、完整的云南旅游,同时还带动了周边及其他地区的观光旅游,其推动经济发展的作用是深远的。

(2)博览会

博览会是会议展览活动高层次的组织形式。博览会往往是国际间的。国际博览会是指有许多国家参加的、规模宏大的产品、技术、文化、艺术展览及娱乐活动。它是一种国际集市,除进行交易外,还有产品展示。这就使得参加博览会的客商除能够进行现场交易外,还可以通过产品展览和会上宣传,同世界各地的商家建立更广泛的商贸联系,扩大日后的销路。

博览会的种类很多,大体有专业性博览会和综合性博览会两种。专业性的博览会只限同类商品的交易和展出,如德国科隆国际博览会每年举行两次,一次为纺织品博览会,一次为五金制品博览会。云南昆明世博会也属专业性的博览会,以世界园艺和花卉展览及交易为主。在综合性的博览会中,各种商品都可以参与交易展出,如德国莱比锡国际博览会、我国的广州出口商品交易会和杭州西湖博览会等。广州出口商品交易会创办于1957年,于每年4月和8月在广州由我国各专业进出口公司联合举办,会上展出各种商品或样品,邀请世界各国客商前来参加,并可以在会上直接达成交易。

(3)世博会

世博会是世界性的、众多国家参加的综合产品展览交易会。世博会的宗旨是促进世界各国经济、文化、科学技术的交流与发展,被誉为世界贸易界的"奥林匹克"盛会,是会议展览活动的最高组织形式,受到各国政府、商界和专业人士的广泛重视。一个半世纪以来,它以不断丰富和深化的形式、内涵,洋溢着人们对未来生活的憧憬和追求,表达了人们推动科技发展与文明昌盛的理想,促进了社会的繁荣和进步。纵观人类社会的历史,世博会历史源远流长。一百多年前巴黎世博会留下的遗产是埃菲尔铁塔,现在已成了巴黎乃至法国的标志性建筑,是全世界的旅游热点;1970年日本大阪世博会,带动了日本整个关西地区近10年的发展。

世博会是中国人认识世界的窗口。在1851年英国伦敦举办的首届世博会上,来自上海的商人徐荣村以自己荣记湖丝参展,一举荣获金牌大奖。此后至20世纪初期,中国多次参加世博会,在让世界了解中国、中国认识世界的艰辛与曲折中,世博会上亮相的中国人、中国产品和中国文化,一度成为古老的中国从封闭走向开放的缩影。2010年上海成功举办了世博会,这是我国第一次举办综合类世界博览会。博览会的主题是"城市,让生活更美好",共有200多个国家、地区和组织参展,历时6个月,参观人次超过了7000万。上海世博会成为世界了解中国的一个窗口,这对于中国经济的腾飞、对于正在努力建设国际大都市的上海及上海周边地区的繁荣发展都具有重要的意义。

四、会议台型

会议室最常见的摆台形式有如下几种:剧院式、课桌式、U形、回形(双U形)、圆桌式、马蹄形等。

1. 剧院式

博鳌亚洲论坛

剧院式会议厅空间充裕,可以在有限的空间内容纳更多的与会者,便于密集、整齐地摆放桌椅,最大限度地将空间利用起来。但缺点是通常每位参会者的空间局促,没有地方放资料,也没有桌子用来记笔记。这种桌型一般适用于新闻发布会、论坛、庆典仪式等。

2. 教室式(课桌式)

教室式会议厅可根据会议厅/室面积和与会人数在安排布置上给予一定的灵活性。参会者面前有桌子可以放置资料及记笔记,这种台型还可以最大限度地容纳来宾。此种桌型适用于研讨会、培训、新闻发布会、论坛等,便于听众作记录。

亚太国际会议中心
亚太宴会厅

3. 回形

杭州中豪大酒店

回形桌常用于学术研讨会类型的会议,前方设置主持人的位置,可分别在各个位置上摆上麦克风,以方便参会者发言。此种台型容纳人数较少,对会议室空间有一定的要求。

4. U形

永利澳门酒店

U形会议室不设会议主持人的位置以营造较为轻松的氛围,多摆设几个麦克风以便自由发言。此种台型适合小规模会议、研讨会、交流会或董事会议,与会者需要面对面沟通,彼此都可以看到,以便营造平等良好的沟通氛围。

5. 圆桌式

圆桌式会议室

圆桌式台型通常在与会者地位都平等的会议中使用会有最好的效果。圆形的自助餐型的桌子布置多用于包含酒会或餐会的会议。在中间的圆桌上可以放上鲜花或其他展示物。

6. 马蹄形

白云国际大酒店

此种台型适合小型聚会,陈设和氛围较不拘束、拘谨,方便参会者做笔记和参与小组讨论。此种台型布置能激发参会者的积极性。

【能力检测】

1. 请复习会议的基本组成要素,完成下面的表格:

基本要素	详细内容

2. 搜集资料,结合实例分析不同类型会议客人的服务要求。

项目二　了解会务服务的内涵

【学习总目标】
- 了解会务服务的特点和原则
- 熟悉会议服务的任务和内容
- 熟悉酒店会务服务的岗位设置

【学习分目标】
- 熟悉会议服务的特点
- 了解会议服务人员的基本素质要求
- 了解不同酒店会务服务的岗位设置
- 了解会议服务的基本流程
- 熟悉会议服务准备、会议现场服务以及会后收尾工作的基本内容

【学习情境】

小张同学从某中专学校酒店专业毕业后来到一家五星级酒店工作,她被分到了餐饮部的会务组,从事会务服务工作。这让她既欣喜又担忧,欣喜的是能到高星级的酒店工作,担忧的是怕自己不能胜任这份工作。经过一番思考,她决心补习会议服务的专业知识,从基础学起。

【学习任务】

一、会务服务的任务、内容及岗位设置

1. 会务服务的任务

会务服务也称会务接待服务,是大家常见的一种服务形式,属于会务工作的一部分,是会务工作中事务性、服务性的工作。因此,会务服务是为保障会议召开而进行的各种具体事务工作的总称。

会务服务指的是为各类会议提供事务性服务,为与会议相关的各类活动提供后勤保障服务,进行会议设计、布置和装饰等。

现代的会务服务已把对服务人员的政治、文化、礼仪气质等要求融入服务的整个过程,这是全新意义上的会务服务,它需要相关人员掌握现代会务服务的知识和技能,不断提高会务服务人员的整体素质。会务服务的发展趋势体现为:一是改革会务服务工作体制,逐步实现制度化管理,规范化服务;二是凸显现代化服务功能,实现社会化服务(见下表)。

会务服务的任务和内容

序号	服务任务	任务内容
1	为保障各类会议的圆满成功提供服务	会议的召开要遵从现实必要性和现实可行性相统一的原则,即客观上需要实现它并且具备实现的基本条件,是有一定目的的。会务服务就是要通过安全、满意的服务,确保会议的成功召开或各类活动的圆满举办。会务服务的好坏会直接影响会议的成败。试想,如果会议的接待误时误地、会间的安排杂乱无章、安全卫生让人提心吊胆,就难以达到会议预期的目的
2	为与会者提供优质服务	达到会议所期望的目的,这自然是会议的首要任务。但在达到会议目的的同时,通过优质服务,让与会者在物质和精神方面得到满足,则是会务服务员的一项重要任务。受条件或环境的限制,有的会议服务工作,由与会者或主办者自己代劳了。但随着人们生活水平的提高,会议层次的提升与范围的扩大,对会务服务提出了越来越高的要求。物质满足主要是指为与会者提供更为现代化、科学化的会议场所、先进设备、生活设施、后勤供应等硬件。精神满足主要是指令与会者获得对优质服务的认同感。优质服务是服务行业的服务宗旨,会务服务的根本目的也就是要为与会者提供优质服务。总的要求是,通过服务员标准、得体的语言交流,让与会者感到像在自家一样有亲切感;通过服务员细致、周到的安排和帮助解决困难,使与会者高兴而来,满意而归,获得满足感;通过服务员有针对性的服务,让与会者感到受尊重;通过服务员理性化、品牌化服务,让与会者获得难以忘怀的完美感受

续表

序号	服务任务	任务内容
3	给与会者留下良好的印象	服务人员在一定程度上代表了饭店甚至是国家的形象,其服务状态、服务质量往往像镜子一样,照出了饭店的服务水平、一国国民的普遍风貌。通过服务给与会者留下良好的印象,树品牌、广召天下来客,是会务服务人员应有的服务理念
4	确保与会者安全	保证与会者的安全是会议和各类活动成功的基础。会务服务人员要加强会议服务、安保、消防工作,包括交通安全保卫工作。大型会议应请交通部门协助配合,一些高层会议还应有警卫措施;要满足会议的保密要求,服务人员要严格遵守保密纪律;要重视饮食卫生,避免发生食物中毒事件;搞好会议场地及周边环境的清洁卫生,大型会议要为与会者配备专职医护人员或指定求医地点,提供安全、卫生、方便的就医场所

2. 会议服务的内容

会务服务是围绕会议或活动的整个过程进行的,酒店提供会议服务的内容基本类似,都由接待、住宿、会间、餐饮等几部分组成。会议的主办单位一般承担行政性会务工作,如会议通知等文稿的拟定、会场的选定、会议的签到与文件的发送、会议记录等;会务服务部门一般负责事务性工作,如接送与会人员、会议期间的后勤保障等。

当前我国的一些企业集团或综合性行政部门根据国外的先进经验和单位的实际需要,成立了专门的会议服务机构,专司会务、接待等一揽子服务。市场上也出现了会务服务公司、会议代理这些办会新渠道。它们是针对会务服务的特点,专门设立的会务一条龙服务机构,客房、销售、餐饮等各部门协同作战,从事与会者往返交通票的预订与吃、住、行等业务。一个会议从预订场地到会议闭幕自首至尾,会议主办方、参会者有任何要求,只要找到这些"总管家"就能解决(见下表)。

"管家"式会务服务的主要内容

环节	服务内容
会前准备	如会议通知、会场布置、会议编组、证件制发、交通接送、安全保障
会间工作	人员签到、迎候入座、文件印发、会议记录、参观引导、会场调度、现场指挥、生活服务
会后收尾	票务安排、文件清退、财务结算、会场清理

> 小贴士

国际组织或国外较大型的行政机构大多设有专门的会议服务部门(conference service),配备了一些从事会议服务的工作人员,通常被称为"会议官员"(conference officers)。他们的服务内容主要有:

会前布置会场、检查桌椅摆放以及灯光、室温、音响、传译等设施;

负责与会人员的注册登记,包括签到和领取代表证、会议文件及纪念品等;

为与会人员提供饮料、茶水、纸笔等服务;

记录会议的进行过程及代表的发言顺序、内容和相关会议情况;

对要求发言的代表进行登记,及时将名单按报名先后顺序送交会议主持人或会议秘书;

在场内分发代表发言稿、声明、提案等,通常在发言时分发;

收缴代表临时发言的手稿或有关资料,复印后立即送还;

处理会议期间所发生的事务、提供其他所需服务。

会议官员负责广泛的服务内容,是会议顺利进行的重要保证。会议官员有明确的分工,由负责人统一指挥。

现代会务服务的概念已不再是迎来送往、打水泡茶,而是涵盖了会务服务工作的全部内容。从会议的接洽到会前接站、引导、提供咨询、安排休息、引入座位、会见服务、餐饮招待、环境介绍、设备使用、参观游览、车船订票等,此外,还要帮助解决与会者的困难或满足其他特殊合理的需要。因此,会务服务是全方位、立体化的服务。

服务的全方位指会务服务是会议前后全过程的服务,包括 24 小时的咨询服务,全天候的接送迎往,不同肤色、不同习惯人员的接待,解决与会者所有需要解决的困难。服务的立体化指会务服务是不同类型的各种会议或各类活动的服务,包括标准普通话、多国语言接待,餐厅、客房服务,电脑订座和网络结算,会议设计、装饰等。

3. 会议服务部门人员配置及岗位职责

会议服务部门的人员配备取决于每家酒店的规模、目标市场、客源结构等情况。一些有会议设施的酒店,其会议服务部门隶属于餐饮部,设立会议服务经理,向餐饮总监汇报工作,也有的隶属于客房部、销售部,具体情况视其业务比重而有所区别。

国内许多专业的会议型酒店,通常会设立独立的会议服务部门,由会议服务经理或总监负责,直接向总经理汇报工作。较多的外资酒店则设立大型活动部经理

第一单元 走进会议服务

一职,多由驻店经理兼任,直接统筹协调大型活动的各环节,向总经理汇报。

下面以一家专业会议酒店为例,简要介绍会议服务部门所设岗位和岗位职责。

(1)会议服务经理(Convention service manager)。首先,要具备出色的人际交往能力和组织能力,熟悉酒店各个多功能厅的结构和布置,正确使用和保管会议设施设备,能够最大限度地利用场地,增加会议活动的营收;此外,还应具备谈判和销售知识,能为客户策划和协调各项活动安排,确保实现销售承诺;负责与客户的沟通交流,传递客户详细信息,撰写相关的书面文件(如预订单、任务单、客户活动要求更改单等),保持与酒店各个部门的良好关系;同时负责本部门员工的培训、服务质量控制等工作。

(2)会议服务楼面经理(Floor manager)。主要负责楼面多功能厅的服务和准备以及协调工作,确保每个多功能厅都按照任务单的具体要求布置,同时完成客户会议现场提出的各项具体工作任务。

(3)会议服务秘书(Convention service secretary)。承担秘书的职责,如:准备会议服务书、任务单、会议服务所需要的席位卡、指示标志、会议部门的各项统计等,以及与酒店其他部门的文件往来。

(4)会议服务员。一名合格的会议服务人员不会死板和完全循规蹈矩地按标准服务流程来为客人提供服务,他们更应该是采取"导向型"服务,针对每一个会议的具体情况适时提供服务。同时,会议服务人员应该掌握各个场馆的设备设施操作和使用方法,熟悉会议服务内容和要求、会晤礼仪,按照要求为客人提供会议前的场地布置服务,会议进行中随时关注客户服务需求并随时提供帮助,同时负责会后的清场工作。会议服务人员要学会合理安排会议期间的各项对客服务任务,能够胜任贵宾服务、衣帽服务、茶点服务、签约服务、礼仪服务等与会议相关的工作内容。

(5)后勤服务人员(set-up crew):分工越细,效率越高。一些专业的会议型酒店单独设立了"搬运班组"或"搭建班组",负责多功能厅场地的桌椅摆放以及清场归位工作。虽然酒店这样的搬运小组其成员往往不作为酒店正式员工,但搬运小组的装备却尤其需要高效和安全。例如需要配备专门用来搬运沙发或椅子的各种手推车,搬运折叠式舞台或地板的大型推车,等等。这样的分工对提高工作效率、控制人工成本、稳定员工队伍都有很大的益处。

会议服务过程中还应该设立专门接收及转发会议资料的班组。会议资料的收寄相对来说工作量不大,通常由负责后勤保障或仓储的班组兼任此项工作。主要任务是登记各个会场清场时客人遗留物品,对遗留物品的处理情况进行记录,同时对重要会议或保密会议的资料进行短时期的保管,按规定处理。

(6)音频视频服务人员(audio and video service personnel):音频视频服务属技

术服务,是宴会和其他一些会议中不可缺少的一部分,因各个酒店的业务情况不同所以这部分服务的机构设置也有所差异。在专业的会议型酒店中,音频视频服务人员隶属于会议服务部门;有的酒店则隶属于工程部门。但无论采取何种组织结构,其业务范围在部门中都是一个相对独立的范畴,需要制定与之相应的规章制度。音频视频技术服务人员要严格遵守操作规程,熟悉每次会议或宴会的活动流程,清楚所服务的会议场地音频视频线路安排及用电情况。如遇大型活动,必须严格按照图纸进行搭建;对客人拼配视频时的转换切换认真做好记录,并预先设计好相应的服务方案。

星级酒店会务部门一般隶属于餐饮部,其机构设置如下:

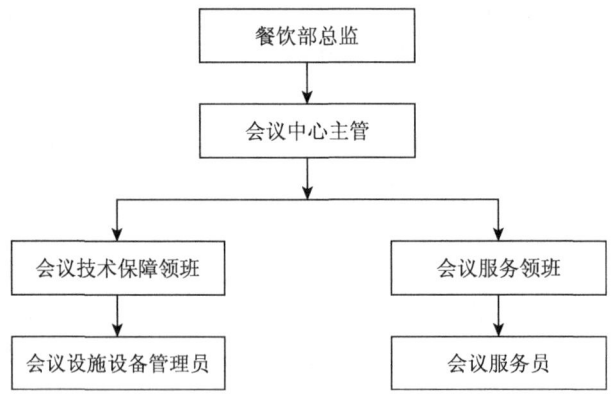

星级酒店会务部门机构设置

二、会务服务的特点和原则

1. 会务服务的特点

(1) 责任性

这是会务服务比较突出的一个特点,尤其是政治责任性,对会务服务人员要求特别高。会议是领导工作的一种重要方式,出席会议的领导身份越高,会议的层次也就越高,对会务服务的要求也就越高。按宪法或有关法律规定定期召开的会议、研究制定法令法规的会议以及单位决策性会议等,要讨论和决定方针、政策,规格高、规模大,要求会务服务人员无论哪一环节、哪一细节都必须做到一丝不苟。特别是国际间的或中央、国家的高层会议,接待服务丝毫不能出差错。会务服务人员的言谈举止,在外宾或内宾的眼里,代表了国家或组织的工作人员的形象,在一定程度上也就是国家或组织的形象,因此服务态度和服务技能千万马虎不得。对高规格的、敏感性的会议,一个小小的失误,都会给国家和组织带来难以挽回的不良影响。

(2) 从属性

从服务的主体来看,会务服务依附会议的召开而存在,不开会就不存在会务服务工作。同样,规格高的会议其会务服务繁杂,服务要求严苛;规格低的会议其会务服务简约,服务要求相应降低。酒店会议服务要面对的是会议的组织者和与会者,他们在会议全过程中起着关键性的作用。作为酒店会议服务人员,我们要在实际工作中针对各种专业性较强的会议采取相应的服务模式,以保证为会议提供周到、满意的服务。

(3) 综合性

会务服务是服务行业中涉及学科知识最广、涉及专业技能最多的一项复合型的工作。会务服务人员不仅要懂得服务心理、公共关系和管理服务等现代服务理论,而且还必须掌握接待礼仪、会话礼仪、服务技巧、餐饮文化、设备使用等素质和技能。此外,会务服务工作同社会的经济发展和人们生活水平的日益提高密切相关,这就要求服务人员能及时调整会务服务的内容和方法,逐步改善和改进服务设施和服务项目,以适应人们工作方式和生活方式的变化。

(4) 协调性

会务服务环节多,接触面广,哪一方面都不能疏漏,都要与有关部门协调好,相互配合共同做好服务工作。否则稍有差错,会使日后的工作处于被动,甚至会带来难以挽回的损失。由于与会者领导层次多,相关各方对会务服务的要求不尽相同,再加上会议牵涉面广,因而事项变更时有发生。譬如与会者到会人数、何时何地接人;譬如会场布置、座位安排。关于这些领导的要求随时可能会变化,无论会议大小、规格高低,要及时落实。会前大到场地搭建、音响,小到笔记本、铅笔、墨水,都得认真测试、细心准备。尤其是召开大型会议或举办大型活动,还得根据需要,专门成立会务协调机构,统筹会务各个方面的工作。

会务服务工作要注意协调以下几个关系:一是与主办单位的关系,要摆正主次位置,主动接受主办单位的领导。要与主办单位分清工作职责,保证按主办单位的要求安排好一切事务,重视主办单位的意见,尽量满足他们的要求,不能如愿的,要耐心加以解释。二是与与会人员的关系。与会人员是客人,要以主人的身份,热情、周到地为他们提供服务。三是与各相关单位、相关人员之间的关系。大家都要围绕共同的任务,相互配合、相互补台,同心协力做好服务工作。

2. 会务服务的原则

(1) 充分准备的原则

俗话说,充分的准备是成功的一半。任何一次成功的会议,都是建立在充分准备的基础上的。一是做好计划,也叫会议策划,或会议方案。尤其是大型会议,不仅应有总体计划,会议的各个组织部门也应有相应的落实计划,如秘书、接待、材料、提案、新闻、联络、保卫等,都应有严密的计划。特别在会务服务的细节方面,计划要做到以分、秒计算,有必要时,还要做几套方案。任何一方计划不周或不仔细,都会影响会议的正常召开,或者造成其他不良影响。二是做好物质上的准备。从会场布置到会议用品,音响效果到生活设施,不仅要配齐,还要提前测试和及时检查,确保万无一失。三是思想上的准备。会务人员接到任务后,要明确会议的目的和要求,领会领导人或组织者的意图。重大会议,会议管理者应进行必要的工作动员,让员工在心理上做好充分的准备。四是责任到人。会务工作是一项系统工作,需要明确的分工和相互之间的配合与协调。因此各个部门应按会议计划或方案,落实负责人,任务到人,责任到人,做到职责分明、责任明确。

(2) 热情周到的原则

热情周到是人际交往成功的起点,也是待客之道的重要内容。俗话说:"情暖三冬雪,善拓天下客。"热情、友好的言谈举止,体贴、周到的服务,会使与会者感到温暖、愉悦。会务服务内容具体繁杂,涉及许多方面,面对的又是不同年龄、不同层次、不同需求的与会者,因此要提倡以人为本的服务理念,有方便人、安抚人和为人解忧的各项服务措施,要在日常服务工作中不断地吸收好的服务经验和做法,不断总结和发展服务技能、技艺,探索和研究人性化服务、细微服务、悟性服务、延伸服务的方法和手段,不断提高服务水平。

(3) 讲究礼仪的原则

会务服务是典型的社交礼仪活动,务必以礼待人,体现素养。我国是礼仪之邦,礼尚往来,古已有之。要继承和发扬悠久的光荣传统,崇尚礼仪。讲究礼仪包括:仪表方面,面容整洁、衣着得体、和蔼可亲;举止方面,稳重端庄、风度自然、从容大方;言语方面,声音适度、语气温和、温文尔雅。在工作交往中,不论与会者来自何方、职位高低、资历深浅,都应平等对待,诚恳热情,不卑不亢,落落大方。讲究礼仪是个人修养的自然流露和体现。

(4) 按章办事的原则

各单位的会务服务都有规章制度,都应自觉照章办事。对服务的标准,不得擅自提高或降低。服务要求有变化时,要及时请示报告。要遵守关于廉洁服务的规定,不准向客人索要礼品,对方如主动赠予礼品应婉言谢绝,无法回绝的,应上交组织处理。要根据不同国家和地区、民族的风俗习惯来区别对待与会者,严格按有关规定办事。

(5) 确保安全的原则

保证会议安全是会议成功的必要条件,会议安全与否也是对会议影响最大的一个重要方面。会务服务人员要严格遵守、贯彻执行国家有关安全保卫工作的规章和工作规程,防止各类危害与会人员的事故发生。会议安全是多方面的。人身安全要求会议备有严格的人身保护措施和会议、文件保密措施;在会场的安排与参会者相关活动的组织和防窃、防盗等方面,都必须做到慎之又慎。餐饮安全要求采取严格的卫生措施,防止集体食物中毒事件的发生。交通安全要求事前对有接送任务的驾驶人员进行安全教育,明确要完成的任务和行车要求,并做好车辆的安全检查,不让有思想情绪的人员和带故障的车辆出车。大型的会议需要请当地的交通管理部门协助制订交通接送方案、进行交通安全教育和维护交通秩序。

(6)节俭高效的原则

习近平总书记在十八大会议上作出了厉行勤俭节约、反对铺张浪费的重要指示,在全国各地掀起了勤俭节约的浪潮。会议活动其实也是一项消费活动。从会议场馆的选用、会议设施的使用到与会者的吃住行和附带的参观考察需要花费。因此,我们都要从厉行节约的原则出发,反对浪费、反对铺张、反对滥吃滥发、反对利用会议游山玩水。

【能力检测】

请阅读以下材料,并回答问题。

央视八频道正在热播电视连续剧《雍正王朝》,一位客人因为在客房不能收看该剧,在酒店大堂对会务组人员大发雷霆,表示一定要收看到这个电视节目。但这并不在会务组的工作范畴之内。如果会务组只是生硬地去对客人解释,恐怕不仅不能解决问题,还会火上浇油。

问题:

(1)如果你是本次会务服务的负责人,你该如何解决上述难题?

(2)会务服务的基本内容和原则有哪些?

第二单元 | 会务服务员应具备的职业素养

项目一　会务服务员的岗位要求

【学习总目标】
- 了解会议服务员的行为要求
- 熟悉会议服务员的服务规范

【学习分目标】
- 熟悉会议服务人员的保密要求
- 熟悉会议服务人员的语言规范
- 熟悉会议服务人员的会前准备、会中服务以及会后收尾的基本要求

【学习情境】

某会场正在准备举办一场会谈会议,服务人员准备好了相应的物品等待与会

者的到来。一位服务员因为临时调班,弄错了工作服装,但是时间紧急,只能硬着头皮继续工作。会议正常开始后,一位服务员因为暂时没有工作需要,离开岗位到休息间喝水,并且在休息室内和其他服务员讨论听到的会议内容。会后,服务人员开始检查、清理会场,一位服务员发现了一支可能是与会者落下的钢笔,就暂时存放在自己那儿,打算第二天交给相关部门。

思考一下,你认为以上所描述的服务内容中都有哪些地方不符合岗位要求呢?

【学习任务】

一、会务服务员的基本行为要求

会议接待服务是典型的社交礼仪活动,务必要以礼待客,体现良好的职业素养。会议接待服务的内容具体而繁杂,涉及很多方面,要按照会议组织者的要求和领导的意图去精心组织、统筹协调。同时,会议服务人员要严格遵守安全保卫工作的规章和工作规程,防止各类危害与会人员的事故发生,并做好会议的保密工作。

为使会议服务工作有据可依、有章可循,以下从政治、业务、语言、交际、心理、保密等方面列出了会议服务人员必须遵守的基本行为要求。

政治行为基本要求

拥护政府爱岗敬业	会议的组织者、参会者大多是党政组织、人民团体、企事业单位主要领导机关的工作人员,会议服务人员必须认真地维护各级组织领导机关的声誉,不得有反对领导机关的言论,不得有反对领导机关的举动,不得支持反政府集会、游行等活动。热爱服务事业、热爱所在单位、热爱本职工作岗位,能钻研服务技能、技艺,具有埋头苦干、默默奉献的精神
服从组织服从领导	服从组织、服从领导是会议服务人员必须遵守的组织纪律,是政治行为规范的重要组成部分。会议服务涉及面广、领导层次多,这一服务性质决定了会议服务人员在工作中必须遵守"三服从"要求,即"下级服从上级、个人服从组织、局部服从大局"
遵守法律服从政令	会议服务人员要自觉地学习法律知识和法规常识,增强法制观念,提高执行法规的自觉性。会议服务人员在服务工作中,必须在法律和政令允许的范围内活动。在任何时候都要坚决遵守命令,严格做到令行禁止,不论情况如何特殊,都不能有任何不接受政令的行为。任何时候都不能不受政令的约束,任何情况下都不能不执行政令通告

业务行为基本要求

熟悉岗位职责	要钻研业务、熟悉工作,明确自己的业务性质、业务范围、职责要求、工作流程、服务标准等,通晓自己分管范围内的全部业务,熟练地处理好各项服务工作
遵守各项制度	如请示报告制度、岗位值班制度、领款和领物制度、设备设施使用维护制度、安全保卫制度、保密制度等

语言行为基本要求

标准适用	会议服务人员要能熟练地掌握和使用普通话,基本达到标准化、规范化。还应该根据需要练习并掌握一些汉语方言、外语等
确切简洁	优美的语言会令客人感到满意,同时能使企业获得较高声誉。语言确切简洁,可减少失误,提高会议服务工作效率
合乎逻辑	与会人员来自各地,语言表达方式各有不同,会议服务人员的语言表达要规范化、具有逻辑性,回答问题、提供咨询、请示工作、解答原因要条理清晰,思路清楚,目的明确,层次分明,时机恰当
温文尔雅	会议服务员的语言要求严、情、意、美。严,指说话条理严密,体现庄重性;情,指语言能以情感人,让人感受温暖;意,指语言能表情达意,给人以明快的感觉;美,指语言言辞优美,能给人以美的享受
热情礼貌	热情礼貌是会议服务人员待客交谈时的基本准则,也是会议服务人员在日常服务工作中必须认真掌握、时时处处体现的。要热情回答与会者的每一句问话,对与会者不能使用"不知道"、"不清楚"等搪塞、敷衍的话作回答,对不清楚的要想办法予以解决或给出令对方满意的解释

交际行为基本要求

服从组织和领导	会议接待服务人员必须服从上级领导。要按本企业的要求办事,如实地向领导报告工作,尊重和维护上级的威信,有问题要及时请示,增强工作的主动性,尽职尽责地做好分内的服务工作。要细心观察、善于分析,不断提高服务水平,遇到问题要敢于承担责任
尊重同事	要有与同事友好相处的愿望,并以积极健康的情绪、得体的言行举止和友好的相处态度、宽厚的胸襟增进彼此间的信任和友谊

续表

相互协作	会议接待服务是一项综合性工作,要靠各部门的共同努力来完成。尤其大型会议或活动的接待服务,更是一项全局性的工作,因此搞好协调合作尤为重要。这就要求会议接待人员要有大局观念,局部服从大局,从整体出发,不能只考虑本部门的利益,只有把整体利益放在第一位,才能协调好各部门之间的利益关系,共同把工作做好

心理素质基本要求

敏锐的注意力	人的心理活动伴随着注意力的集中而产生。注意力是指人对一定对象的心理指向和集中。国际管家协会主席威尼克尔斯先生举过这样一个例子:当一个人走进一间坐有十几个人的会议室时,在很短的5秒钟内他可以收集到十几条信息,但说出来的一定是特别引起他注意的信息,比如会议的台型,主持人是男性还是女性,主持人的着装、风度及相貌等。这个测试说明,人们对着装、容貌特别关注。因此,会议服务人员在注意和观察别人的同时,自己也是被观察的对象。会议服务人员的准确观察是为客人主动服务的基础,要努力培养准确、敏锐的注意力
较强的记忆力	记忆是人脑对过去经验的反映。记忆的基本过程包括识记、保持、再忆、回忆。会议服务人员除了记忆比较复杂的接待服务操作规程以及饭店设施、服务简介、景点、交通等问讯服务常识以外,还要熟悉回头客及老客户的相貌特征、单位及姓名等,并能积极主动地提供有针对性的服务
敏捷的思维能力	如果说记忆是人的认识过程的初级阶段,那么思维就是人的认识过程的高级阶段。人在认识外界事物时,不但能直接感知个别事物的表象,而且能够发现事物的本质和事物内在的、有规律的联系。会议服务人员要学会通过观察客人外表、职业、表情等信息,及时、准确地推断出客人的心理。我们常讲要学会揣摩客人心理,实际上就是指观察、分析、推断客人心理的思维过程
良好的情感自控能力	情感是人对客观事物的态度、体验和心理满足程度。情感和需求有着密切的联系。一般来说,能满足人们精神或物质需要的事物,都会使人产生肯定、积极、满意的情感。会议服务人员待客热情、彬彬有礼,会使客人感到满意。显然,这种满意的情感是源于客人得到了精神和物质上的满足。服务人员要避免情绪激动,言辞不逊,甚至产生攻击性行为;还要避免表现得闷闷不乐,对客人爱答不理。当服务人员与客人产生争执、发生口角时,多数是源于心态不佳。会议服务人员应学会控制自己的情绪和心态,尤其要理智对待个性强的客人

续表

坚强的意志	意志是人们为了达到预定的目标，自觉去克服各种困难的心理。意志品质表现在自觉性、果断性、自制性和坚毅性等四个方面。会议服务人员一方面受服务规程的约束，另一方面还要千方百计为客人地解决问题。这种控制性的行为举止就是意志自觉性、坚毅性的表现。会议服务人员会与不同国家和地区，各种阶层、身份及文化层次的客人接触，其意志的坚强，对做好接待服务工作作用极大。因此，要勇于进取，培养良好的职业责任心、坚强的意志和良好的意志品质

对保密行为的要求

进行安保检查	保密会议须在有安全保密保障措施的内部场所召开，不得在外资或中外合资宾馆及不具备保密条件的场所召开。会场的音响设备应符合保密要求，严禁使用无线话筒代替有线扩音设备。会场须安装会议保密机，制发会议证，凭证出入会场，无证人员不准进入会场
严格执行保密要求	会议开始时，会议主持人应对参会人员进行保密教育，宣布保密纪律和会议保密要求。未经会议主持人批准，不准录音、录像，经批准的录音、录像按会议同等保密级别管理。会议休息时，应指派专人看守会场。会议结束时，应对会议场所及与会人员房间进行安全保密检查，以防止丢失文件和资料。根据会议内容和需要，严格控制参会人员的范围。只需参加会议有关阶段的人员，不得参加会议的全过程，严禁无关人员列席或旁听
妥善保管会议文件资料	会议中使用的文件和资料要与会议主办单位做好交接手续，严禁乱堆、乱放；会议上的讲话未经同意，不得随便录音或复制。录音后的磁带要严格登记，妥善保存。不在不利于保密的地方存放会议文件和资料

二、会务服务员的服务规范

和许多服务窗口行业的从业人员一样，会议服务员要面对面直接提供对客服务。服务，翻译成英文是"SERVICE"。经过长期的服务工作经验总结，专家给SERVICE赋予了新的含义：

S 引申为 Smile(微笑)：真诚的微笑是学会待人接物的起点，也是服务员必须掌握的技能。

E 引申为 Excellent(出色)：优质服务是一种艺术，艺术就要追求完美。

R 引申为 Ready(准备好)：只要是在工作时间内,每一名员工都应该随时准备好为客人提供优质服务。

V 引申为 Viewing(看待)：顾客也是朋友,一定要以礼相待,把自己最好的一面展示给客人,让客人感受到家一般的亲切和温暖。

I 引申为 Inviting(邀请)：这是要求员工在每一次接待服务结束时,都应该显示出诚意和敬意,感谢客人的光临,并主动邀请宾客再次光临。

C 引申为 Creating(创造)：充分发挥你的能力,精心营造能使宾客满意的服务氛围。

E 引申为 Eye(目光)：用心观察,眼到手到,热情主动地为宾客提供优质服务。

服务是对商品最好的包装,服务本身也能创造价值,优质的服务创造的价值更大。优质服务＝规范服务＋人性化的体贴关怀。

所谓规范服务,就是按操作程序及标准提供服务。服务规范包括仪容仪表规范、服务礼仪规范、服务用语规范、服务程序规范,等等。由于不同的会议场所和会议类型具体情况不同,服务标准很难统一(见下表)。

常规的会议服务内容

服务环节	服务内容
会前准备	接受任务、清扫会场、会场布置等
会中服务	茶水服务、观察并调节场内温度、会议即将结束时的服务等
会后服务	清理会场、清洁用品、做会务服务记录等

从国外办会的经验来看,会议服务最重要的是会议的设计和策划,从会议组织、现场布置及管理到政府、媒体的公关等都要提供高水平的服务。并且服务人员的政治素养、文化涵养、礼仪气质等都要融入到整个会议氛围中,彼此和谐融洽,这是全新意义上的会议服务。这种全新的服务内容要求会议服务人员除了掌握会议服务的基础知识和技能外,还要掌握现代会议服务的知识和技能,与时俱进、不断创新。

【能力检测】

1.作为会议服务人员,要针对不同的会议类型进行策划和布置。请根据你的理解,完成下面的连线题：

| 党代会 |
| 人代会 |
| 庆祝会 |
| 座谈会 |
| 工作会 |
| 纪念会 |
| 展览会 |

| 简单务实 |
| 喜庆热烈 |
| 朴素大方 |
| 庄严隆重 |
| 和谐融洽 |
| 新颖别致 |
| 隆重典雅 |

2.1月16日,A公司300人的会议已经进行至第三天,会议期间主办方对餐饮、客房、会场等服务非常满意。17日,酒店又接待了B公司200人的会议团队报到入住,加上少量散客房间,酒店客房全满。

按照议程安排,18日,两个会议都要在8:30准时开始。8:00客人去自助餐厅用早餐,发现异常拥挤,排队取一个菜也要等上两三分钟,严重影响用餐质量,引起客人及会议主办方的投诉。

分别负责协调的工作人员发现,在17日晚未协商沟通用餐这一细节问题,且A公司的会议至16日已经是第三天了,一切都很顺利,使协调人员也很麻痹大意,既没有针对早餐事宜与餐饮部门协调,也没有与两个会议的会务组协商,因而导致了这样一起投诉。

针对这一事件,酒店召开了协调会议,并邀请两个会议的会务组成员一同参加,协商解决方案。首先,为确保服务质量,调整用餐时间是当务之急。A公司同意将早餐时间延后20分钟,即8:20以后用餐,B公司会议客人用餐时间不变,并采用不同颜色的早餐券。同时,酒店在房间增加了一份会议指南及致歉信,请两家公司的与会客人配合,持新餐券自觉有序用餐。接下来的会议进展顺利。

问题:

(1)在此案例中,你认为有哪些环节没有事先沟通好?

(2)除了本案例中提到的酒店的解决方案,你认为较为合适的化解这起危机的方法还有哪些?

项目二　会务服务相关基本礼仪

【学习总目标】
- 熟悉会议服务员的仪容仪表礼仪要求
- 熟悉会议服务员的日常交际礼仪要求

【学习分目标】
- 熟悉会议服务人员的制服要求
- 熟悉会议服务人员的佩饰要求
- 熟悉会议服务人员沟通时的礼貌用语
- 熟悉商务礼仪基本要求

【学习情境】
美国著名管理学家汤姆·彼得斯在一本书中写道："建立个人品牌,是21世纪的生存法则。21世纪的工作,已经从做一份工作追求一个事业,转变为建立个人品牌。"他所讲的"个人品牌"正是个人职业形象。即个人与其职业相适应的、能反映其内在气质和职业特点的外在形象及行为举止。从这个意义上讲,从事会务服务的工作人员其职业形象不仅是外表长相和穿衣打扮,更是其全面素质的体现,要给人以秀外慧中、大方得体的印象。

【学习任务】

一、仪容仪表礼仪

仪表即人的外表,包括容貌、姿态、服饰三个方面。仪表美是对一个人全方位的评价,是形体美、服饰美、发型美、仪容美的有机综合。仪表仪容是一个人精神面貌的外观体现,它与一个人的道德修养、文化水平、审美情趣和文化程度有着密切的关系,是人际交往中一个不可忽视的重要因素。

良好的仪容仪表既可以体现员工的基本素质,又是尊重宾客的需要。

会务接待服务工作的特点是直接面向宾客并为其服务,宾客获得的第一印象常常来源于接待人员的衣着打扮。整洁美观的制服与端庄大方的仪容,既是员工自尊自爱的表现,又是对岗位工作高度的责任感与事业心的反映。员工的形象仪表反映饭店档次,档次决定价格,价格产生效益,这是一个连锁反应的循环圈。良好的仪表仪容会产生积极的宣传效果,并在一定程度上反映接待服务的管理水平和服务质量。员工维护了自我形象,也就维护了本单位的整体形象。

注重仪表仪容是尊重宾客的需要,是讲究礼仪的一种具体表现。会务客人追求的是一种比日常生活更高标准的享受,即视、听、嗅等感官的美好享受。据有关专家分析,各种刺激给人的影响所占的百分比是:视觉印象占75%,谈吐印象占16%,味觉印象占3%,嗅觉印象占3%,触觉印象占3%。会务服务从业人员的仪表仪容能满足宾客视觉美方面的需要,同时又使他们感到置身于外观整洁、端庄、大方的接待人员之中,自己的身份地位得到了应有的承认,求尊的心理也会得到满足。

 小贴士

形象礼仪的构成包括以下内容:

仪表礼仪。仪表指一个人的外表。它是一个人总体形象的统称,除容貌、发型之外,还包括人的服饰、身体、姿态等。仪表美是对一个人全方位的评价,是形体美、服饰美、发型美、仪容美的有机综合。

仪容礼仪。仪容指一个人的容貌,包括五官的搭配和适当的发型衬托。就个人的整体形象而言,容貌是整个仪表的一个至关重要的环节。它反映着一个人的精神面貌、朝气和活力,是传达给接触对象感官最直接、最生动的第一信息。它既可以使人看上去精神焕发、神采飞扬,也可以使人看上去萎靡、疲倦、无精打采。所以,塑造良好的自我形象,首先应当考虑的就是仪容。

仪态礼仪。仪态,又称"体态",是指一个人举止的姿态和风度。姿态是指一个人身体显现出来的样子,如站立、行走、弓身、就座、眼神、手势、面部表情等。而风度则是一个人内在气质的外在表现。它主要是通过人的言谈举止、动作表情、站姿、坐相、走态、眼神及服饰装扮等体现出来的。

仪容、仪表、仪态是一个人精神面貌的外观体现,它是一个人的道德修养、文化水平、审美情趣和文化程度的综合体现,是人际交往中一个不可忽视的重要因素。

会务服务行业在当前竞争十分激烈,员工的仪表仪容不仅是树立企业形象的手段,而且是管理水平和服务质量的重要标志,同时还可能在一定程度上反映一个国家或民族的道德水准、文明程度和精神面貌。所以,我们应该着眼于国家和民族的利益,为了维护本单位的声誉和提高经济效益,注意修饰自己的仪容仪表。

(一)个人卫生及妆容

1. 面容的清洁

清洁是仪容美的关键,是讲究礼仪的基本要求,也是事业成功的必要条件。每天早晚要坚持洗脸,及时清除附在面颊、颈部的污垢、汗渍等不洁之物。采用正确

的洗脸方法有助于保持皮肤的弹性,保持良好的血液循环和正常的新陈代谢。在正确掌握洗脸方法的同时,还应了解自己的肤质,根据自己皮肤的特点来弥补不足。

皮肤一般分为干性、中性、油性三种类型。针对不同的皮肤类型,应采取不同的洗脸方法。

(1)干性皮肤:在用玫瑰花浸泡的水中加入几滴蜂蜜,沾湿整个面部,用手拍至干燥。每晚反复2至3次,便能滋润面部,使之光滑细腻。

(2)中性皮肤:晚上用冷水洗脸后,再用热一点的水蒸气蒸脸片刻,然后轻轻抹干。

(3)油性皮肤:洗脸时在热水中加几滴白醋,能有效地清洁皮肤上过多的皮脂、皮屑和尘埃,使皮肤显得光洁美观,并减轻毛孔阻塞。

2.口、鼻、手的清洁和公共卫生

(1)口腔清洁

保持口腔清洁,是讲究礼仪的重要条件。要坚持每日早晚刷牙。刷牙可以减少口腔细菌,清除牙缝里的饭渣,防止牙石沉积。常规的牙齿清洁应做到"3个三",即三顿饭后都要刷牙,每次刷牙的时间不少于3分钟,每次刷牙的时间在饭后3分钟之内。

平日要多吃蔬菜、水果和粗糙的谷类,以清洁牙齿,做到不吸烟,不喝浓茶,以免牙齿变黄变黑。上班前不能喝酒,忌吃大葱、大蒜、韭菜等有刺激性异味的食物。

进餐时应闭嘴咀嚼,与人攀谈交流不可露出满口牙齿,发出很大响声。口臭者在与人交谈时要保持一定距离,切不可口沫四溅。进餐后如要剔牙,应用手或餐巾掩盖,切不可当众剔牙。

 小贴士

去除口腔异味的方法

一是用淡盐水漱口,在晚上睡觉前和早上空腹喝一杯淡盐水。二是嚼口香糖可以保持口气清新。但需注意,职业人员在工作场所当着他人的面嚼口香糖既不雅观,也会失礼于人。

(2)鼻腔清洁

要保持鼻腔的清洁,在他人面前不要用手去挖鼻孔,这样既不文雅,又不卫生。在接待客人前,应检查自己的鼻毛是否过长。如过长应用小剪刀剪短,不要当众去拔。

(3)手的清洁

手的清洁与否与一个人的整体形象密切相关,反映一个人的修养与卫生习惯。要随时清洁双手,指甲要及时修剪与洗刷,以保持指甲的清洁。不得留长指甲,也不要涂有色的指甲油。有的人用牙齿啃指甲,这是既不卫生又不雅观的坏毛病,应注意克服。

(4)公共卫生

不随地吐痰,不乱扔果皮纸屑。不要在宾客面前修指甲、剔牙齿、挖耳朵、搓污垢、抠眼屎、掏鼻孔、打哈欠、搔痒、脱鞋袜等;咳嗽和打喷嚏时,应用手帕捂口鼻,面向一旁,避免发出大声。

小贴士

会务服务员的个人卫生要求

服务员自从业起就要养成良好的卫生习惯,必须做到以下几点:

(1)要严格遵守和执行国家有关部门颁布的卫生法规和各项有关的卫生制度,认真实行卫生操作、文明服务。

(2)勤洗手,勤剪指甲。到岗前,大小便后,接触有病顾客或沾染污垢后,接电话后,都要认真洗手消毒。绝不允许留长指甲。

(3)勤理发、刮须、洗澡、换衣,时刻保持仪表整洁。

(4)工作服要勤洗勤换,保持整洁。上岗时要按规定着装。

(5)工作中不准近距离对着食品讲话。严禁操作时有吸烟、用手擦汗、挖鼻耳、搔头皮等不文明、不卫生行为。

(6)到岗前和工作中,不许喝酒,不许吃生葱、蒜或其他气味强烈的食品,饭后要漱口。

(7)定期检查身体,接受预防疫苗注射。如有传染病时,应立即报告,停止服务工作,至病愈方可返回工作岗位。

3.面容的化妆

俗话说"三分容貌,七分装扮"。随着人们生活水平的提高、物质条件的不断改善,面容化妆已越来越为人们所重视。

对会务接待服务工作者来说,化妆总的原则是要少而精,强调和突出自身所具有的自然美,弱化或掩盖容貌上的缺陷,一般以浅妆、淡妆为宜,不能浓妆艳抹,并避免使用气味浓烈的化妆品。具体应注意以下几点:

(1)适合自己的肤色

色彩的美,要求鲜明、丰富、和谐统一,给人以美的享受。女士一般希望通过面部化妆获得美白效果,但不可在化妆后明显改变自己的肤色,应与自己原有肤色恰当结合,才会显得自然、协调。

(2)依据自己的脸型

脸宽者,色彩可集中一些,描眉、画眼、涂口红、涂腮红要尽量集中在中间,以收拢面部色彩,修饰脸型;脸窄者,可相应利用化妆修饰。此外,还要描眉画眼。眉毛是眼睛的屏障,其功用一是挡灰尘、汗水,二是美观。眉毛要强调自然美,若眉毛天然整齐细长,浓淡适中,化妆时可不描眉;若眉毛稀疏不匀,粗而杂乱,则需拔掉不在正位置上的眉毛,用眉笔进行修正。古典派的审美是眉弯细,或曲如新月,或淡若远山;现代派流行的是平直浓细,号称新潮眉。但是,总的来说,画眉的样式总要适合眼睛的形状,才会相得益彰。

(3)眼部的化妆

眼睛是心灵的窗户。眼部的化妆至关重要。化淡妆时,脸型和眼睛形状较好时可不画眼。化浓妆时,用蓝色、灰色、黑色或棕色的眼线膏,在眼皮外眼角描得面积宽些,越向上描得越淡,逐渐消失;也可以在睫毛处描一条黑线,靠里眼角要淡,逐渐消失;眼皮薄者描浓些会显得眼皮厚,描深些会显得更有精神。

(4)胭脂的使用

对脸色苍白的女子而言,在脸颊处涂些胭脂,会显得活泼健康。涂胭脂要因人而异,不可千篇一律。长脸形宜横涂,宽脸形宜直涂,瓜子脸则以面颊中偏上处为重点,然后向四周扩散。胭脂的颜色,白天宜选用玫瑰红或粉红,晚间宜选用曙红。

(5)口红的涂抹

涂口红可增加嘴唇部的血色感,增添活力和美感。一般宜选用接近嘴唇的颜色,如淡紫红色,既真实又鲜明。涂口红还要根据嘴唇形状涂抹,厚嘴唇可涂得淡些,薄嘴唇可涂得厚些、圆些,以增加美感。社会上流行的黑色或紫色等暗色或怪色唇膏,对从事会务接待服务的女性来说,是不可取的。会务服务人员涂口红要达到既自然又庄重的效果。

此外,化妆还要注意季节变化。夏季出汗多宜化淡妆,冬季可浓些,春秋两季则淡妆浓抹总相宜。

(二)服饰的类别和要求

心理学家做过这样的实验:请一位小姐穿着三种不同的服装分别拍照。第一套服装是古板、过时的蓝色长衣长裤;第二套服装是流行的蓝色西服套裙,内着白色衬衣;第三套服装是时髦的超短裙。将拍好的照片分别拿给几位经理请他们在三张照片中选一位小姐做秘书。实验结果是,绝大多数经理选择的是第二位小姐,身着西服套裙。通过这个实验,我们可以得出这样一个结论:同一个人,身着不同的服装,可以给人留下截然不同的印象。

服饰是仪表的重要组成部分,人际交往中的主要视觉对象之一,它包括服装和饰物两方面。莎士比亚说:"服饰往往可以表现人格。"的确,在人际交往中,服饰在很大程度上反映了一个人的社会地位、身份、职业、收入、爱好,甚至一个人的文化素养、个性和审美品位。服饰一直被认为是传递人的思想、情感等非文化心理的非语言信息。

1. 着装的配色原则

衣着是人们审美的一个重要方面,人们对你的第一印象常常来源于你的衣着打扮。但是,不同的颜色代表不同的意义,不同颜色的服装穿在不同的人身上会产生不同的效果。服装配色包括同类配色和衬托配色。它要求服装的色彩是上深下浅或上浅下深。最理想的配色是:

绿色—黄色	粉红—浅蓝
深蓝—红色	深蓝—灰色
黑色—浅绿	黄褐—白色
橄榄绿—红色	橄榄绿—骆驼灰

一般来说,黑、白、灰是配色中的安全色,它们最容易与其他色彩搭配并取得良好的效果。

不同的色彩呈现不同的色相、明度、纯度、色性。色相就是色彩的名称。明度是指色彩的明暗度。纯度是指颜色的饱和度。色性是指颜色的冷暖:红、黄、橙给人们以暖的感觉,称为暖色;蓝、绿、白给人以冷的感觉,称为冷色。

服装色彩的运用还能使人产生错觉,收到令人满意的效果。例如:浅颜色有扩张的视觉作用,较瘦的人穿着可产生丰满的效果;深色给人以收缩感,适宜较胖的穿着。

2. 着装的TPO原则

TPO是英文TIME(时间)、PLACE(地点)、OCCASION(场合)三个单词的首字母缩写。TPO原则是指人们的穿着打扮要兼顾时间、地点、场合,并与之相适应。

着装的TPO原则

与时间相适应	在西方,男子白天不能穿小礼服(也称晚礼服或便礼服),夜晚不能穿晨礼服(也称常礼服);女子在日落前不应该穿过于裸露的服装
与地点相适应	这是指要考虑不同国家、不同地区所处的地理位置、自然条件以及生活习俗等。例如:在气候较热的地方,上身的小礼服最好为白色;在寒冷的地区,虽然室外寒冷,但室内如果有暖气设备,女子穿短袖或无袖的晚会盛装也不足为奇

续表

与场合相适应	这主要是指上班、社交、休闲三大场合。上班要穿整洁、大方、高雅、保守的服装。社交场合可以穿得既时髦又流行。例如：喜庆场合，女性既可以穿西装或民族服装，也可穿中式上衣配长裙或长裤，还可穿旗袍或连衣裙；在夏季，可穿短袖衫配裙子或西裤。男性西装可上下一色，也可上下分色；可以系领带，还可穿两用衫、T恤衫、夹克衫、牛仔衣等各种便装，以显轻松与潇洒。休闲装要穿得既舒适又得体。当前市场上流行的休闲装各种各样，并且大多宽松、舒适、得体。此外，运动装、牛仔装、沙滩装等也可以列入休闲装之列，穿上它们可以得到良好的视觉效果

3. 会务接待服务员的服装

注意服饰不仅体现中国人的精神面貌，同时也是对客人的礼貌和尊重。服饰的种类、样式、花色千差万别，不同的场合、季节、个人喜好人们所选择的服饰也有所差异。

会务接待服务员的服饰总体要求是整洁、挺括、大方。服饰美在很大程度上取决于协调，即与自己的职业、身份、年龄、性别、体型相称，与周围环境相协调，讲究和谐的整体效果。

（1）制服

制服是标志一个人从事何种职业的服装。

会务接待服务工作者穿上醒目的制服不仅是对宾客的尊重，而且便于宾客辨认，同时也是职业自豪感、责任感和可信度，以及敬业、乐业的表现。穿着制服必须做到以下几点：

整齐：制服必须合身，注意"四长"（袖至手腕、衣至虎口、裤至脚面、裙至膝盖）、"四围"（领围以插入一指大小为宜，上衣的胸围、腰围及裤裙的臀围以穿一套羊毛衣裤的松紧为宜）；尤其注意内衣不能外露；不挽袖卷裤；不漏扣，不掉扣；领带、领结要系正且松紧适宜；工号或标志牌要佩戴在左胸的正上方；有的岗位还要戴好手套与帽子。

清洁：做到衣裤无油、无污垢、无异味。领口与袖口尤其要保持干净。

挺括：衣裤不起皱，穿前烫平，穿后挂好，做到上衣平整、裤线笔挺。

大方：款式简约、高雅，线条自然流畅。

（2）便服

穿着任何便服，都应做到简朴典雅、和谐统一，并注意"四个协调"。

第一，穿着要和年龄协调。俗话说："爱美之心，人皆有之。"但是，不同年龄的人有不同的衣着要求。一套深色的中山装穿在老年人身上会显得成熟和沉稳，穿在青少年身上则会显得老气横秋。少女穿超短裙会显得朝气蓬勃、热情奔放，少妇穿超短裙则不免给人轻佻之感。

第二，穿着要和体型协调。不同的人，身高有高有矮，体型有胖有瘦，肤色有深有浅，穿着要因人而异、扬长避短。瘦人穿横条衣服可以显得丰满些，胖人穿竖条衣服则可显得清秀些。肤色较深的人穿浅色服装会获得健美的色彩效果，肤色白的人穿深色服装更能显出皮肤的细洁柔嫩。

第三，穿着要和职业协调。比如，教师在学校中的一言一行，都具有为人师表的作用，一般不宜穿奇装异服和打扮得花枝招展，在上课时更不能浓妆艳抹、珠光宝气。

第四，穿着要和环境协调。在喜庆场合不能穿得太古板，在庄重场合不能穿得太随便，在悲伤场合不能穿得太刺眼。

(3) 西服

西服是一种国际性服装。一套合体的西服，可以使穿者显得潇洒、精神、风度翩翩。人们常说："西服七分在做，三分在穿。"穿着西服必须注意以下几点：

第一，讲究规格。男士西服有二件套、三件套之分，穿着时必须整洁、笔挺。正式场合以穿同一面料、同一颜色的套装为好，内穿单色衬衫，系领带，戴领带夹，穿皮鞋。三件套西服，在正式场合不能脱下外衣，按国际惯例，西服里面不加毛背心或毛衣。在我国，最多也只能加一件V字领毛衣，否则会显得十分臃肿，破坏西服的线条美。

第二，穿好衬衫。衬衫的领子要挺括，衬衫的下摆要塞在裤子里，衬衫衣袖要稍长于西服上装衣袖1~2厘米，以显出衣着的层次感。

第三，系好领带，夹好领夹。西服脖颈间的V字区最为显眼，领带处在这个部位的中心，领带的领结要饱满，在衬衫的领口处松紧适宜。领带的长度以系好后大箭头垂到皮带扣处为准。领夹一般夹在衬衫的第三粒到第四粒纽扣之间为好。

第四，用好口袋。西服上衣两侧的口袋只做装饰作用，不可装物品，不然会使西服上衣变形。西服上衣左胸部的口袋只可放折叠好的装饰手帕，有些物品（如票夹、名片盒等）可放在上衣内侧口袋里。裤袋亦不可装物品，以求臀围自然，裤型美观，手帕可装入裤子后兜内。

第五，系好纽扣。西服有单排扣、双排扣之分。双排扣西服一般要求把全部纽扣系上，以示庄重。单排三粒扣的一般只系中间一粒；两粒扣的只系第一粒或"风度口"，或全部不系。如在正式场合，则要求把第一粒纽扣系上，在坐下时方可解开。

第六，穿好皮鞋。穿西服一定要穿皮鞋，不能穿旅游鞋、轻便鞋或布鞋、露脚趾的凉鞋及色彩鲜艳的花袜子。袜子应为深色或者单色。

 小贴士

男士西服着装十戒

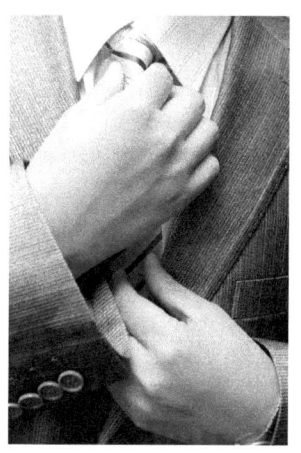

1. 通常一件西服的外袋是合了缝的(即暗袋),千万不要随意拆开,它可保持西装的形状,使之不易变形。
2. 衬衫一定要干净、挺括,不能出现脏领口、脏袖口。
3. 系好领带后,领带尖千万不要触到皮带上。
4. 如果系了领带,绝不可以穿平底便鞋。
5. 西服袖口商标一定要剪掉。
6. 腰部不能别手机、打火机等。
7. 在品位尚未修到家之前,穿西装时不要穿白色袜子,尤其是深色西装。
8. 衬衫领开口、皮带袢和裤子前开口外侧线不能歪斜,应在一条线上。
9. 黑皮鞋能配任何一种颜色的深色西装,棕色皮鞋除同色系西装外,不能配其他颜色的西服。
10. 如想保持西装完美的原形,应尽量找专业干洗店干洗且一季不可干洗两次以上。

(4)涉外服装

在国内参加外事活动时,男子除中山服外,也可穿西服或民族服装;夏季出席庆典仪式、正式宴会和会见国宾等隆重的外交活动,除中山服、民族服装、西服外,还可穿两用衫。女性按季节与活动性质的不同穿西服(下身为西裤或裙)、民族服装、中式上衣配长裙或长裤、旗袍或连衣裙等;夏季也可穿长、短袖衬衫配长裤或裙子。

参加葬礼和吊唁活动,男性一般可着黑色或深色中山服,女性着深色服装,内穿白色或暗色衬衣,不用花手帕,不抹口红,不戴装饰品。

参加婚礼、到朋友家做客、参加联欢会等,则尽可能穿得美观大方一些,女性可适当修饰。郊游、远足和乘坐各种交通工具旅行,可穿便服。

(5)鞋袜的穿着

俗话说:"鞋袜半身衣。"就是说,光有好看的衣着是不够的,还要配上合适的鞋袜,穿戴才称完美。男子穿黑皮鞋显得庄重大方,能适应各种衣着;女子穿中跟

皮鞋显得精神和健美。男子不能赤脚穿凉鞋,女子穿袜子时袜口不能露在衣裙之外。皮鞋要上油擦亮,袜子要经常洗换。汗脚的人更要注意自己鞋袜的干净,以免发出异味,令人讨厌。

4. 饰品的佩戴

在社交活动中,人们除了要注意服装的选择外,还可根据不同的场合要求佩戴戒指、耳环、胸花等饰品。

(1) 戒指

据有关资料记载,我国早在汉初时宫廷里就流行戴指环了。那时,若后妃们不能侍奉帝王"御幸",则将金指环佩戴在左手;平时将银指环佩戴在右手。后来,戒指从宫廷传到民间,不仅成为中国妇女两千多年来佩戴的装饰品,还成了男女相爱定情的信物。

按中国的传统风尚来说,女子有了婆家之后才可以戴一枚戒指,而且只能戴在左手上,结婚后才可以戴在右手上,凡是待字闺中的女子均不可戴戒指。从这种意义上说,戒指仍有着原来"禁戒"的含义,只是禁戒的内容不同罢了。在近代中国,当一个女子接受了男方馈赠的戒指之后,就说明她已有所属。

今天,佩戴戒指可以是无声的语言,往往暗示佩戴者的婚姻和择偶状况。例如:把戒指戴在食指上,表示无偶或求婚(另一说是守寡之意);戴在中指上,表示已有了意中人,正处在恋爱中;戴在无名指上,表示已订婚或结婚;戴在小指上,则暗示自己是一位独身者。

(2) 耳环

耳环是女性的主要首饰,其使用率仅次于戒指。佩戴时应注意以下几点:

① 耳环与脸型的配合。

根据脸型特点佩戴耳环。女士脸型有长形脸、方形脸、圆形脸、三角形脸、椭圆形脸等区别。

长形脸宜佩戴圆拱形大耳环,可以将别人的视线引向闪光、漂亮的首饰。由于视觉作横向移动,产生了宽度感,有利于改变长形脸的视觉形象。

方形脸宜佩戴贴耳式耳环。造型有心形、椭圆形、花形、不规则几何形等。这些耳环的形状、色彩、光亮度形成的扩张感可以减弱下巴的视觉宽度。

圆形脸宜佩戴有坠耳环。可以利用耳环的垂挂所形成的纵长度,使圆形脸的外轮廓在视觉上有所改观。尤其不宜佩戴圆形耳环,因为耳环的小圆形与脸的大圆形组合在一起,会加强"圆"的信号。

三角形脸宜佩戴星点状贴耳式耳环,这样可使头部的发型更生动,从而使下颌的宽度不太显眼。

椭圆形脸俗称鸭蛋脸,被认为是一种比较理想的脸形。它不仅适合梳各种发型,而且也适合佩戴各种耳饰。

②耳环与发型的配合。

耳环的点缀可以使发型更为丰满多姿,发型的衬托又令耳饰熠熠生辉。黑色的头发与任何一种耳环的颜色相配,均能产生良好的效果。

③耳环与服装的配合。

耳环款式造型、材料及色彩的选择都与服装的样式、面料、色彩等有密切的关系。比如丝绸、软缎等轻薄面料,宜佩戴贵重、精致的耳环,使整体形象显现出一种轻盈、俏丽、优雅的美感。呢料、裘皮、羊绒等厚重面料,宜佩戴珍贵的金银珠宝耳环,以显示衣着者的高贵与典雅。

（3）项链

项链也是受到女性青睐的主要首饰之一。它的种类很多,大致可分为金属项链和珠宝项链两大系列。佩戴者应注意以下几点：

第一,佩戴项链应和自己的年龄体型相协调。

脖子细长的女士佩戴方丝链,更显玲珑娇美；脖子短的女士佩戴颗小而长的项链,可在视觉上增加脖子的长度；马鞭链粗实凸显成熟,适合年龄较大的妇女选用。青年人皮肤滋润,宜选质地颜色好、款式新颖的项链,如象牙、珍珠项链,更显柔和、文雅。

第二,佩戴项链应和服装相呼应。

例如：身着柔软、飘逸的丝绸衣裙时,宜佩戴精致、细巧的项链,显得妩媚动人；穿单色或素色服装时,宜佩戴色泽鲜艳的项链。这样,在首饰的点缀下,服装色彩可显得活跃、丰富。

（4）胸花

胸花也叫襟花,多用于宴会、招待会、开业典礼或特别节日。胸花应与衣服有对比美,又有协调美。

（5）手帕

在社交活动中,手帕也是装饰品。着西服时很讲究帕饰。在西服左上袋露出折叠成三角形、三尖形、隆起形、花瓣形等形状的手帕,使人更显风度。

在涉外工作岗位上,首饰要限量佩戴。如以佩戴饰物来显示自己的华贵娇艳,将会产生不良影响。

（三）发型的选择

发型美是仪表美的要素之一。发型是头发的一门造型艺术,是体现人的审美需求和性格情趣的直观形式,是自然美与修饰美的有机结合,同时也反映着人的物质、文化水平和时代的精神面貌。

1. 女士发型

女士发型基本上可分为直发类、卷发类、束发类三大类。选择哪一种发型要结合脸型、头型、体型、年龄以及职业、季节等因素加以考虑。发型的作用，就是要通过梳理，使头发起到掩盖、衬托、填充的作用，力求使各种不够匀称的脸型变得和谐一些，给人以近似椭圆形的感觉。总的来说，女士的发型要符合美观、大方、整洁、实用的原则，其选择要点是：

第一，女士发型要与脸型相配。

圆形脸，发型应尽量向椭圆形脸靠拢，头顶的头发应削剪蓬松，两边的头发应贴服；方形脸，发型应该削去棱角，使脸型趋于圆润，可用头发遮住额头，两侧的头发可以稍长一些并烫一下，以曲线美来掩盖方形脸的欠缺；长形脸，选择发型时应在视觉上增加脸的宽度，可适当地用刘海掩盖前额，如果头发卷曲，两侧的发角外翻，可以使脸看上去丰满些；三角形脸，发型应尽可能增加额头两侧头发的厚度，采用侧分，使头发掩盖窄窄的额头；倒三角形脸，发型应尽可能掩盖过宽的额头，增加脸下部的丰满度；菱形脸，应该是两侧头发厚度大一些，用刘海遮住前额，可使用蘑菇式发型；椭圆形脸，为标准脸型，适配任何发型。

第二，女士发型要与体型相协调。

高瘦型女士不宜留短发，可留长发、直发或大波浪的卷发及有层次感的平妆式，以显得飘逸大方；矮小型女士不宜留披肩长发，可留超短发或梳盘发以显得活泼精神；高大型女士以短直发为好，也可使用大波浪的卷发或盘发；矮胖型女士留轻便运动发或盘发，可从视觉上增加一定的高度。

第三，女士发型要与年龄相协调。

青少年时期，应突显活泼开朗的性格，发型不宜太复杂，线条要简洁、流畅、明快、粗放、自然；成年时期，还要考虑性格、爱好、身材、服饰以及职业、季节等因素；夏天为了凉快，宜留短发，如留长发也多以扎辫盘髻为宜；冬天为了暖和，宜留长发，起保暖作用；春秋两季的发型，则可以灵活一些。在年龄方面，20～35岁比较注意仪表的整洁和美观，各种新颖、别致而又健康、大方的发型都适宜；50岁左右的妇女，其发型一般要求简朴、端庄、稳重，发式应以由额前向后梳的单花和双花为主，长发者束成发髻显得素净稳重，短发者以削薄的短波浪为宜。

从事对外接待服务工作的女士发型应以活泼开朗、朝气蓬勃、干净利落、持重端庄为基调。例如：不留披肩发，发不遮脸，刘海不过低，也不可将头发染成红色或黄色。一般以齐耳的直发或稍长微曲的发型为宜，还要避免使用色泽鲜艳的发饰。

2. 男士发型

男士发型选择的要点是：

第一，男士发型要与脸型相配。

长形脸男士不宜留太短的头发。脸型宽大、额部粗短的男士不宜留长头发，蓄鬓角,否则给人以头重脚轻、臃肿做作之感。头发稀少或秃顶的人,更不宜留长发,否则不但不美观,反而给人以病态之感。

第二,男士发型要与体型相协调。

高瘦的男士应该留分段式长发,矮胖或瘦小的男士发式应剪短,以显得有精神。

第三,男士发型要与服装相配。

如穿西装,发型应吹风定型,以显得风度翩翩。

按涉外接待的要求,男士鬓角不应盖过耳部,头尾不能到后衣领,也不要烫发。

 小贴士

梳理头发时,有三点应予注意:一是不宜当众梳理头发。二是梳理头发不宜用手,最好随身携带一把发梳。三是断发头屑不宜随手乱扔。信手乱扔,是缺乏教养的表现。

二、言谈举止礼仪

(一)礼貌用语

1.礼貌用语的概念和作用

(1)礼貌用语的概念

语言是社会交际的工具,是人们表达意愿及思想情感的媒介和符号。接待工作离不开语言,服务语言离不开礼貌。礼貌用语是接待工作人员用来向宾客表达意愿、交流思想感情和沟通信息的重要交际工具,是一种对宾客表示友好和尊敬的语言。

俗话说"良言一句三冬暖,恶语伤人六月寒"。这句话形象地概括了使用礼貌用语的要求。会务接待服务的过程,就是从问候宾客开始,到告别宾客结束。语言是完成各项接待工作的重要手段。因此,在工作中必须十分讲究语言艺术。

著名美学家朱光潜曾说:"话说得好就会如实地达意,使听者感到舒适,发生美感。这样的说话就成了艺术。"语言艺术化主要表现在以下四个方面:

其一,语言的准确性。所谓准确性,首先是音质清亮明洁,不能含糊生硬;其次是言之有物,用词恰当,不能夸大其词,把话说绝,应留有余地。

其二,语言的音乐性。所谓音乐性,就是要有节奏感,即抑扬顿挫,不要平铺直叙。说话要讲究音量高低、音速快慢,不能像打机关枪似的。讲话要使人感到有行云流水之感,舒适欢欣之情。

其三,语言的生动性。所谓生动性,就是达到绘声绘色的境界,使人们产生共

鸣,好比身临其境一般。这就要求会务工作接待者必须掌握丰富的知识和恰当的语言词汇,注意修辞,学会运用对比、夸张、借代、比喻等手法,使语言艺术化、口语化、形象化,创造出生动的语言画面,以达到宾主之间相互理解和产生共鸣的效果。

其四,语言的情感性。所谓情感性,就是要情真意切,说话与眼神、手势、面部表情结合起来。

(2)礼貌用语的作用

以礼貌为基调的服务语言,有四个要素,即以宾客为中心,热情诚恳的态度,精确通俗的内容,清晰柔和的表达。这四点对实现优质服务有不可低估的作用。具体来说,有以下三点作用:

其一,关系到祖国的声誉。我国素以语言文明、礼貌待客闻名于世。如果我们说话不注意文明礼貌,伤害了宾客的自尊心,客人就会对中国这个礼仪之邦产生负面看法,对社会主义精神文明产生怀疑,必将对我国的声誉产生不良影响。

其二,反映会务接待服务的质量和管理水平。对于会务接待服务工作者,是否使用文明礼貌用语,客人是相当敏感的。如果我们稍不注意,工作时语言粗鲁,态度生硬,那么再好的设施、设备也不能令客人满意。

其三,体现会务接待服务工作者的职业素养和品格风貌。俗话说"言为心声"。语言是了解人们心灵的窗口。准确亲切的语言反映了会务接待服务工作者的文化修养和精神面貌,同时在很大程度上影响宾客对会务接待服务工作者的评价。

(二)礼貌用语的基本要求

1. 态度要诚恳、亲切

人是有感情的,也最讲感情,而人的感情一般是通过语言和表情流露出来的。人们常说"言以传情,情以动人",就是这个道理。因此,说话时的神态、表情十分重要。比如,当你向别人表示祝贺时,如果嘴上说得动听,而表情却冷冰冰的,那对方一定认为你是在敷衍。同样,当你向别人表达慰问,而神态却显得很不专心时,对方也一定认为你是在故作姿态。这样,对方不但不会对你感激,反而会引起疑虑甚至反感。所以,使用礼貌用语首先必须做到态度诚恳亲切,也就是必须让对方对你说的话产生表里一致的印象。

2. 用语要谦虚、文雅

会务接待服务员对宾客应使用敬语,如"您"、"先生"、"夫人"、"女士"、"小姐"、"大爷"、"大娘",表达请求时也应谦恭有礼,如说"请问"、"劳驾"、"敬请光临"、"请大力协助"、"请多关照"等。而对自己则应多用谦语,如自称为"愚"、"鄙人"、"学生"等。在接待宾客时,应坚持使用雅语。如用"几位"代替"几个人",用"哪一位"代替"谁",用"贵姓"代替"你姓什么",用"不新鲜"、"有异味",代替"发霉"、"发臭",用"洗手间"、"盥洗室"等代替"厕所"。我国提倡使用的礼貌用语为:"您好"、"请"、"谢谢"、"对不起"、"再见",充分体现了语言文明的艺术形式。

3. 声音要优美、动听

会务接待服务工作者在接待宾客时,语音要标准,无论是普通话、外语还是方言,咬字都要清晰,尽可能讲得标准;嗓音要动听,增加语言的感染力与吸引力;音量要适度,以客人能听清楚为准,轻声讲话总是比抬高嗓门令人感到悦耳,切忌大声说话,语惊四座;语调要婉转,抑扬顿挫带有情感,使听者感到亲切和自然;语速要适中,避免连珠炮式说话,讲话轻柔甜润会使客人感到悦耳悦心。

4. 表达要灵活、恰当

要使宾客感到满意和高兴,在使用礼貌用语时,还必须察言观色,随时注意宾客的反应。面对不同性别、不同年龄的宾客,处在不同的场合需要灵活恰当地使用不同的礼貌用语,以利于沟通和理解,从而避免产生矛盾或使矛盾得到缓解。

一般来说,我们可以通过宾客的服饰、语言、肤色、气质等去揣测宾客的身份,通过宾客的面部表情、语气的轻重、走路的姿态、手势等行为举止来领悟宾客的心境。遇到语言激动、动作急躁、举止不安的宾客,要特别注意使用温柔的语调和委婉的措辞。对待宾客的投诉,说话时更要谦虚、谨慎、耐心、有礼貌,要设身处地为宾客着想,投其所好,避其所忌。要学会擅长揣摩宾客的心理,灵活运用语言来应对各种宾客。

会务接待服务员的接待对象是国内外宾客,除学好用好我国各族人民通用的交际语言——普通话外,还要能用各种不同的外语来为外宾服务,这已成为对广大会务接待服务员的基本要求之一。所以,不但要学好祖国的通用语言、各地的方言,而且也应努力学好英语、日语、法语、德语等应用广泛的外国语言,以更好地为服务外宾打下基础。由此可见,每一个会务接待服务员都需要学习和研究工作语言,并在实践中努力提高自己语言的表达力和应变力,注意培养随机应变的能力和灵活性,以便适应日益发展的会务接待工作的需要。

人类社会的发展,要求我们不断提高自身的文明程度,而语言的文明是其中一个极其重要的方面,从中可以体现一个民族的精神面貌。语言文明看似简单,但要真正做到却并非易事。这就需要我们身体力行,加强语言修养,从而,使我们中华民族礼仪之邦的优良传统,真正得到进一步的发扬和光大。

(三)常用礼貌用语

1. 称呼语

称呼语是指会务接待服务工作者对宾客的尊称。

一般来说,男宾不论其年龄大小与婚否,可统称为"先生",女宾则根据婚姻状况而定。已婚女子称"夫人"(太太),未婚女子称"小姐"。对婚姻状况不明的女宾,可称"小姐"或"女士",以上称呼可以连同姓名、职衔、学位一起使用。如"王小明先生"、"张总经理"、"李局长"、"史密斯夫人"、"卡特教授"、"秘书小姐"、"护士小姐"、"基辛格博士"等。

对地位高的政府官员、外交使节、军队中的高级将领,按不同国家的习惯,有的可称"阁下",以示尊重,如"部长阁下"、"总统阁下"、"大使阁下"、"将军阁下"等。美国、墨西哥、德国等国家则习惯称"先生",不称"阁下"。

对君主立宪制国家,则应称国王、王后为"陛下",称王子、公主、亲王为"殿下"等。对有公、侯、伯、子、男爵位的可称其爵位,如"公爵先生"、"公爵夫人"等,也可称阁下。

对军人一般称军衔,或军衔加先生,知道姓名的可冠以姓名,如"上校先生"、"莫利少校"、"维尔斯中尉先生"。

对教会中的神职人员,一般可称教会的职称,或姓名加职称,或职称加先生,如"牧师先生"、"布鲁斯先生"等。对主教以上的神职人员,有时也可称"阁下"或"大人"。

在日本,对社会地位较高的妇女也可称为"先生",如"中岛京子先生"、"高娃先生"等。

在涉外场合,正确使用称呼非常重要,切忌使用"喂"来招呼宾客。比如,英、德等国家对头衔非常看重,如对方有博士学位,在称呼时一定不能省略。即使对称呼较为随便的美国人,在不熟悉的情况下,也最好还是称其为"某某先生"、"某某夫人"、"某某小姐"。否则会伤害对方的感情,或者被对方认为缺乏教养。总之,在称呼上要多加学习研究,善于正确使用,以免造成误会。

 小贴士

各种称呼语的恰当称呼和不当称呼

	恰当称呼		不当称呼
泛尊称	先生,小姐,女士	无称呼	在商务活动中,不称呼对方就直接开始谈话是非常失礼的行为
职务称	只称职务,如"董事长"	不当简称	比如讲"南航",会令人不知道是南方航空公司还是南京航空航天大学
	职务前加上姓氏,如"王总经理"、"张董事长"		
	职务前加上姓名,如"××总经理"		

续表

	恰当称呼		不当称呼	
职衔称	仅称职称,如"教授"	不当俗称	"兄弟"、"哥们儿"等,看似随意亲切,但在正式场合显得俗气,缺乏教养	
	在职称前加上姓氏,如"常律师"			
	在职称前加上姓名,如"杨振宁教授"			
职业称	在职业前加上姓氏,如"赵老师"	地方性称呼	即地方色彩很强的称呼,如北京人的"师傅",山东人的"伙计"。在南方人听来,"师傅"等于"出家人","伙计"肯定是"打工仔"	
	职业加上泛尊称,如"护士小姐"			

2. 问候语

问候语是指接待宾客时,根据时间、场合、对象的不同,所使用的规范化用语。

与宾客见面,应主动说:"您好,欢迎到××来。""您好,欢迎光临!""女士们、先生们,欢迎你们的到来。""您好,××小姐(先生),我们一直恭候您的光临。""您好,见到您很高兴!"

在每天不同的时段问候客人,可用"您早!""您好!""早上好!""下午好!""晚上好!""晚安!"

根据工作情况需要,在使用上述问候语的同时,最好紧跟其他一些礼貌用语,如:"先生,您好,欢迎光临,请!""早上好,先生,您有什么事要吩咐吗?""您好,小姐,要我帮忙吗?""晚上好,夫人(太太),旅途辛苦了,请先在这儿休息一会儿吧。"这样就会使对方倍觉自然和亲切。

涉外接待人员要学会使用外语和根据外宾习惯来问候。例如:初次见面用"How do you do?",熟人用"How are you?"千万不能用"您吃饭了吗?""您上哪儿去啊?"这类话。这类话在中国百姓生活中习以为常,可在外宾听来会产生误会,或者认为是干涉他的私事。

向客人道别或给宾客送行时可说:"晚安!""再见!""明天见!""谢谢光临,欢迎再来。""祝您一路平安。"

遇到节日、生日等喜庆日子,应说:"祝您圣诞快乐!""祝您生日快乐!""祝您健康长寿!""新年好!""恭喜发财!""大吉大利!"对香港、广东籍宾客,习惯上说愉快而不说快乐(因"乐"与"落"同音,是商人忌讳之字)。

宾客若患病或身体不适,应主动表示关心,可以说"请多保重"、"祝您早日康复"等慰问语。

当气候发生变化时应说:"请多添衣服,当心感冒(着凉)。""请带好雨具。"

接待体育、文艺代表团时,应说:"祝您在比赛中获胜!""祝您演出成功!""您的表演真精彩。"

3. 应答语

应答语是会务接待服务工作者在回答宾客问话时的礼貌用语。

对前来的宾客说:"您好,我能为您做什么?""请问,我能帮您什么忙?"

引领宾客时说:"请跟我来。""这边请。""里边请。""请上楼。"

接受宾客吩咐时说:"好,明白了!""好,马上就来!""好,听清楚了,请您放心!""好,知道了!"

听不清或未听懂宾客问话时应说:"对不起,请您再说一遍可以吗?""很对不起,我没有听清,请重复一遍,好吗?"

不能立即接待宾客时应说:"对不起,请您稍候。""请稍等一下。""麻烦您等一下。"

对等候的宾客打招呼时应说:"对不起,让您久等了。"

接待失误或给宾客添麻烦时应说:"实在对不起,给您添麻烦了。""对不起,方才疏忽了,今后一定注意。请谅解。欢迎您多提意见。"

有事要问宾客时应说:"对不起,我能不能问您一个问题?""对不起,如果不麻烦的话,我想问您个事儿。"

当宾客表示感谢时应说:"不用谢,这是我应该做的。""别客气,很乐意为您服务。"

当客人误解致歉时应说:"没关系。""这算不了什么。"

当客人表达赞扬时应说:"谢谢,过奖了,不敢当。""承蒙夸奖,谢谢您。""谢谢您的夸奖,这是我应该做的。"

当宾客提出过分或无礼要求时应说:"这恐怕不行吧。""很抱歉,我无法满足您的这种要求。""对不起,这不符合中国习俗。"此时,必须沉得住气,婉言拒绝,表现出教养和风度。

宾客来电话时应说:"您好,这里是××,请讲。"或"我能为您做些什么?"当电话铃响过3遍,接起电话时应先说:"对不起,让您久等了。"

4. 文明举止

对于一个人的礼仪修养,旁人可从他的一举一动中察觉出来。在中华民族的礼仪规范中,"站有站相,坐有坐相"是对一个人礼仪修养的最基本要求。在人际交往中,人们的感情流露和交流经常会借助于体态,这就是我们通常所说的体态语言。它作为一种无声的语言,在生活中被广泛地使用,在会务接待工作中有着特殊意义和重要作用。一个人的风度是在漫长的生活实践中和不同形态的历史文化氛围中逐渐形成的。它蕴藏于一个人的行为举止之中,是社交中的无声语言,是个人性格、品质、情趣、素养、精神世界和生活习惯的外在表现。我们平时说的"风姿"、"风采"、"风韵",就是风度的具体显现。

(1) 规范的站姿

站姿的基本要求是:站要端正、自然、亲切、稳重,也就是人们常说的"站如松",即站得要像松树一样挺拔。正确的站姿要领是:上身正直,头正目平,脸带微笑,微收下颌,挺胸收腹,腰直肩平,两臂自然下垂,两腿相靠站直,肌肉略有收缩感。

会务接待工作者的站姿大致有侧放式、前腹式、后背式、丁字式四种。

侧放式站姿是男女通用的站立姿势。其要领是:脚掌分开呈V字形,脚跟靠拢,两膝并严,双手放在腿部两侧,手指稍弯曲,成半握拳状。

前腹式站姿是女性常用的站立姿势。其要领是:脚掌分开呈V字形,脚跟靠拢,两膝并严,双手相交放在小腹部。

后背式站姿是男性常用的站立姿势。其要领是:两腿稍分开,两脚平行,两脚间距比肩宽略窄些,双手在背后轻握放在后腰处。

丁字式站姿是限女性使用的站立姿势。其要领是:一脚在前,将脚跟靠于另一脚内侧,两脚尖向外略展开,形成斜写的一个"丁"字,双手在腹前相交,身体重心在两脚上。

站立太累时,可变换姿势,将身体重心移在左脚或右脚上。无论哪一种姿势,切忌双手抱胸或叉腰,也不可将手插在衣裤袋内,更不要身体东倒西歪靠在物体上,因为这些动作都是傲慢和懒散的表现。在正式场合,不要下意识地做小动作,如摆弄打火机、香烟盒,玩弄衣带、发辫或咬手指甲等。这样不仅显得扭捏,给人们缺乏自信和生涩的感觉,而且也有失庄重。

(2) 优雅的坐姿

坐姿的基本要求是"坐如钟",即坐相要像钟那样端正。对会务接待服务工作者来说,还要注意坐姿的文雅自如,这是体态美的重要内容。具体要领有:入座时,轻而缓,走到座位前面转身,右脚后退半步,左脚跟上,然后轻轻地坐下。女子入座时,要用手把裙子向前拢一下。坐下后,上身正直,头正目平,嘴巴微闭,脸带微笑,腰背稍靠椅背。两手相交放在腹部或两腿上。两脚平放地面,男子两膝间的距离以一拳为宜,女子则以不分开为好。

坐姿还要根据凳面的高低及有无扶手,注意两手、两脚、两腿的正确摆法:

有扶手时,双手轻搭或一搭一放;无扶手时,两手相交或轻握放于腹部;左手放在左腿上,右手搭左手背上;两手呈八字形放于腿上。

凳高适中时,两腿相靠或稍分,但不能超过肩宽;凳面低时,两腿并拢,自然倾斜于一方;凳面高时,一腿搁于另一腿上,脚尖向下。

脚跟脚尖全靠或一靠一分；也可一前一后或右脚放在左脚外侧。

无论哪一种姿势，都要自然放松，面带微笑。切忌使用下列几种错误坐姿：二郎腿坐姿；分腿坐姿；"O"型坐姿。坐姿中还特别忌讳前俯后仰，或抖动腿脚，这是缺乏教养和傲慢的表现。

(3) 正确的步姿

正确的步姿要求是"行如风"，即走起路来要像风一样轻盈。其基本要领是：上身正直不动，两肩相平不摇，两臂摆动自然，两腿直而不僵，步度适中均匀，步位相平直前。走路正常的人，脚印应是正对前方。此外，还要注意步位、步速、步度。

步位是指两脚下落到地面的位置。男子行走，两脚跟交替前进在一线上，两脚尖稍外展。女子行走，两脚要踏在一条直线上，脚尖正对前方。此外，还要注意步速和步度。

步速是指行走的速度。一般来说，男子每分钟108～110步，女子每分钟118～120步。遇有急事，可加快步速，但不可奔跑。

步度也称步幅，是指跨步时两脚间的距离，一般为70～80厘米左右。步度大小跟服饰和鞋也有一定关系。例如：男子穿西装时，走路的步幅可略大些，以体现出挺拔、优雅的风度；女子着旗袍和中跟鞋时，步度宜小些，以免旗袍开衩过大，露出大腿，显得不雅；女子着长裙行走要平稳，步幅可稍大些，因为长裙下摆较大，更显得女子身材修长、飘逸潇洒；年轻女子穿着短裙（指裙长在膝盖以上）时，步度不宜过大，步速可稍快些，以保持轻盈、活泼、灵巧、敏捷的风度。

走路最忌内八字和外八字；其次是弯腰驼背，摇头晃脑，大摇大摆，上颠下簸；也不要大甩手，扭腰摆臀，左顾右盼；走路时不要脚蹭地面，不要将手插在裤兜里。

(4) 恰当的手势

手势是人们交往时不可缺少的动作，是富有表现力的一种体态语言。手势美是一种动态美。得体适度的手势，可增强感情的表达效果，起到锦上添花的作用。会务接待服务员的手势运用要给人一种含蓄、彬彬有礼、优雅自如的感觉。其基本要求是自然优雅、规范适度。手势的规范标准是：五指伸直并拢，掌心斜向上方，腕关节伸直，手与前臂形成直线，以肘关节为轴，弯曲140度左右为宜，手掌与地面基本上形成45度角。适度是指手势不宜过多，幅度不宜过大。具体要求如下：

与宾客交谈时，手势不宜过多，动作不宜过大，更不要手舞足蹈。

介绍某人或为宾客引路指示方向时，应掌心向上，四指并拢，大拇指展开，以肘关节为轴，前臂自然上抬伸直。指示方向，上体稍向前倾，面带微笑，自己的眼睛看着目标方向，并兼顾宾客是否意会到目标。切忌用手指来指点，因为它含有教训人的意味，是不礼貌的。

鼓掌也属于手势范围，可用于欢迎客人到来，他人发言结束，观看节目或比赛时。

观看体育比赛、文艺演出时鼓掌,应用右手手掌拍左手掌心,但不要过分用力、时间过长。

在谈到自己时,可用手掌轻按自己的左胸,那样会显得端庄、大方、可信。

同样一种手势,在不同的国家、不同的地区可能有不同的含义,因此千万不能乱用。如伸出一只手,将食指和大拇指搭成圆圈,美国人会用这个手势表示"OK",是"赞扬和许诺"之意;在印度,表示"正确";在泰国,表示"没问题";在日本、缅甸、韩国,这一手势代表"金钱";在法国,通常表示"微不足道"或"一钱不值";在巴西、希腊和意大利的撒丁岛,这是一种令人厌恶的污秽手势;在马耳他,则暗示一句恶毒的咒骂。

在英、美等国,如伸出右手的食指和中指作V字形手势,表示"胜利"、"成功"。但最初使用时,丘吉尔是掌心向外的,若你不慎将手背向外,那在英国人的眼中是伤风败俗的。在非洲国家,V字形手势一般表示两件事或两个东西,如在饭店吃饭时需要两瓶啤酒,可以伸出食指和中指来表示。

在欧洲,人们相遇时习惯用手打招呼。正规的方式是伸出胳膊,手心向外,用手指上下摆动。美国人打招呼时整只手摆动。如果是在欧洲,整只手摆动表示"不"或"没有"之意。在希腊,一个人摆动整只手就是对旁人的侮辱,那将会造成不必要的麻烦。

总之,与不同国家、地区或民族的人交往,要懂得他们的手势语言,以免闹出笑话,造成误会。

5. 微笑的表情

表情是心情的体现,也是人性的镜子。人的脸被称为"第一表情",是由脸色的变化、肌肉的收展及眉、目、嘴的动作所组成的。它是一种特殊的情绪语言,可以和有声的语言及行动相配合,从而沟通人们的心灵,架起友谊的桥梁,给人以美的享受。

(1)微笑是礼仪的基础

微笑存在于一切生活中。会务接待服务员的微笑,是对宾客热情友好的表示,是真诚欢迎的象征。微笑迎宾,是员工尽心尽职的表现,表达了会务接待服务员对宾客的尊重以及工作的责任感和主动性,也是秉承"宾客至上,优质服务"宗旨的具体体现,是搞好会务接待服务的基石和重要手段。

(2)微笑是宾客交流感情的需要

微笑传递友好的信号,对客人起着诱发积极情绪的作用。会务接待服务员的真诚微笑,可使宾客感到外出途中处处有亲人,从而消除初到异乡客地的陌生感、疲劳感和紧张感,进而产生心理上的安全感、亲切感和愉悦感。可见,微笑是扣人心弦的最美好的无声语言,它超越国界,是地球上的通用语言,有助于广结善缘、增进了解、加深友谊。

(3)微笑要合乎规范

微笑是会务接待服务员的基本功之一。这种笑不能勉强敷衍,不能机械呆板,更不能皮笑肉不笑,它必须做到四个结合:口眼结合;笑与眼神、情感、气质相结合;笑与语言相结合;笑与仪表、举止相结合。

(4)微笑要始终如一

笑,乃是人的生理现象,人人都会。但是,人们不是生活在真空里,往往会因为情绪的波动、客观环境的变化,而影响微笑的效果。因此,必须强调微笑要贯穿会务接待服务工作的全过程、各环节,做到六个一样:领导在与不在一个样,男女老少一个样,内宾外宾一个样,本地人外地人一个样,生人熟人一个样,时间长短一个样,以保证接待工作的微笑服务品质。

(5)微笑要发自内心

从会务接待服务工作的实际出发,甜美而真诚的微笑是值得推崇的。所谓甜美,就是笑得温柔友善、自然亲切、恰到好处,给人一种愉快、舒适、幸福、动人的好感。所谓真诚,就是发自内心喜悦的自然流露。微笑,应该是略带笑容,不出声的微笑。笑得甜美,笑得真诚,也就是从心底里笑,这是微笑服务的真谛。

三、日常交际礼仪

(一)日常见面的常见礼节

1. 招呼

打招呼是人们见面时最常见的礼节。最简单的招呼用语是"早晨好"、"下午好"、"晚上好";或者说一声"您好"。熟人见面不打招呼,或者不回应别人打的招呼,都是失礼的行为。

与西方人打招呼,要遵从西方的习惯,不要说"你上哪儿去呀"或"你到哪儿去了",在西方人看来,这有打听别人私事之嫌,是一种不礼貌的语言。也不要说"你吃过饭了吗",否则,对方会误解为你想请他一道吃饭。

现在,在国际交往中,打招呼用得比较多的是"您好",需要注意的是:在关系较为熟络的情况下才使用这样的招呼用语;在关系较为陌生的情况下,或是为了表示尊重,最好不要使用"您好",比较有把握的招呼用语是"早晨好"、"下午好"、"晚上好"。

2. 介绍

正式会见,在见面时大多由第三者介绍。在交际场合初次相识,一般也由第三者介绍,还可以自我介绍。为他人介绍,要先了解双方是否有结识的愿望,介绍要慎重自然，不要贸然行事。自我介绍时，要讲清姓名、身份、国家、单位，也可交换名片。为他人做介绍时，还可以说明与自己的关系，便于新结识的人相互了解与信任。介绍某人时，要有礼貌地用手示意，不可以用手指指点点。

在介绍两人互相认识的时候，要把被介绍的人介绍给你所尊敬的人。在西方各国，老人和妇女是受尊敬的。而且，人们习惯上认为已婚妇女在社会上的地位高于未婚妇女。因此，在介绍时你应该把男子介绍给女子，把年轻的介绍给年长的，把地位低的介绍给地位高的，把未婚女子介绍给已婚女子，把儿童介绍给成人。

按照西方习惯，短暂的相遇可不必介绍，时间逗留较长的则应介绍。另外，告辞中的客人不必介绍给刚到的客人。

介绍时，除年长者外，男子一般应起立，在宴会桌、会谈桌上则不必起立，只要微笑点头示意即可。当妇女被介绍给男子时，他可以坐着不动，只需点头或微笑示意。

介绍后，通常是互相握手、微笑并致问候。在需要表示庄严、郑重和特别客气的时候，还可以在问候的同时微微欠身鞠一躬，握不握手均可。

3. 握手礼

在人们的日常交往中，见面时习惯以握手相互致意，分别时握手送别。别人帮助自己之后，往往以握手表示感谢。别人取得成绩时，以握手表示祝贺。别人参加比赛或其他重要活动时，以握手表示鼓励。可以说，握手贯穿于人们交往、应酬的各个环节。

握手习俗流行于全世界。究其原因，是从原始人类摸手演化而来的。在原始社会，人们用以防身和狩猎的主要武器是棍棒和石块，传说当人们在路上遇到陌生人时，如果双方都无恶意，就放下手中的东西，伸开双手让对方抚摸手心，以示友善。这种表示友好的习惯沿袭下来就成为今天的握手礼。另一种说法为握手礼起源于中世纪交战骑士的和平表示。中世纪的骑士相遇并表示友好时，就先脱去右手的甲胄，伸出右手来表示没有武器。这两种说法都说明，握手表示的是和平、友好和友善。

握手作为一种礼节，应掌握三个要点：

(1) 握手力度

握手力度一般以不握痛对方的手为限度。在一般情况下，握手不必用力，握一下即可。男子与女子握手不能握得太紧，西方人往往只握一下妇女的手指部分，但老朋友可以例外。

(2) 先后顺序

握手的先后顺序为：男女之间，男士要等女士先伸手后才能握手，如女士不伸手，无握手之意，男士就只能点头或鞠躬致意；宾主之间，主人应向客人先伸手，以示欢迎;长幼之间,年幼的要等年长的先伸手;上下级之间,下级要等上级先伸手,以示尊重。多人同时握手切忌交叉,要等别人握完后再伸手。到朋友家中,如客人较多,可只与主人及熟悉的人握手,向其余的人点头致意即可。男子在握手前应先脱下手套、摘下帽子。握手时精神要集中,双目注视对方,微笑致意,不要看着第三者握手,更不能东张西望,这都是不尊重对方的表现。按西方传统,妇女可以戴手套握手。军人戴军帽与对方握手时,应先致举手礼,然后再握手。

(3) 握手时间

握手时间的长短可根据握手双方亲密程度灵活掌握。初次见面者,一般应控制在3秒钟以内,切忌握住异性的手久久不松开。即使握同性的手时间也不宜过长,以免对方欲罢不能。老朋友或关系亲近的人则可以边握手边问候,甚至双手长时间地握在一起。

4. 鞠躬礼

又称打躬,是中国、日本和朝鲜等国的传统礼节。《论语(乡党)》中说:"入公门鞠躬如也。"后引申为弯身行礼,以示恭敬。

鞠躬礼通常是晚辈对长辈、下级对上级以及同级间的见面礼节。行鞠躬礼时,须脱帽,成立正姿势,脸带笑容,目视前方,并根据施礼对象和场合,决定鞠躬的度数。一般标准为:迎宾15度,送客30度,表示感谢60度,而90度大鞠躬常用于悔过谢罪等特殊情况。在我国,当演员谢幕、讲演和领奖、举行婚礼或悼念活动以及接待外宾时也常用鞠躬礼。

5. 合十礼

合十礼亦称合掌礼。属佛教礼节,盛行于印度和东南亚佛教国家,泰国尤盛。行礼时,双手合拢于胸前,掌尖和鼻尖基本平齐,手掌向外倾斜,手指并拢,头略低,神情安详、严肃。

跪合十礼。行礼时,右腿跪地,双手合掌于两眉中间,头部微俯,以示恭敬虔诚。此礼一般为佛教徒拜佛祖或高僧时所行之礼节。

蹲合十礼。行礼时,身体要蹲下,将合十的掌尖举至两眉间,以示尊敬。此礼用于佛教盛行之国家的人拜见父母或师长。

站合十礼。行礼时,要站立端正,将合十的掌尖置于胸部或口部,以示敬意。此礼为佛教国家平民之间、平级官员之间相见,或公务人员拜见长官时用。

6. 拥抱礼

拥抱礼是欧美各国熟人、朋友之间表示亲密感情的一种礼节,多用于官方和民间的迎送宾客或祝贺致谢等场合。行此礼时,通常是两人相对而立,右臂偏上,左臂偏下,右手环抚于对方的左后肩,左手环抚对方的右后腰,彼此将胸部各向左侧倾靠而紧紧拥抱,并头部相贴近,然后再向右侧拥抱,接着再做一次左侧拥抱而止。

行拥抱礼时间不宜过长。

拥抱礼在国际交往中较流行。在欧美,是一种较常见的见面礼。在其他地区的一些国家,只流行于上层社会的交往。在我国只限于亲近的人使用。

7. 亲吻礼

亲吻礼多见于西方、东欧、阿拉伯国家,是源于古代的一种常见礼节。人们常用此礼来表达爱情、友情、尊敬或爱护。

行亲吻礼时,往往与一定程度的拥抱相结合。不同身份的人,相互亲吻的部位也有所不同。一般而言,夫妻、恋人或情人之间,宜吻唇;长辈与晚辈之间,宜吻脸颊或额头;平辈之间,宜贴面部。在公开场合,关系亲密的女子之间可吻脸颊,男女之间可贴面,晚辈对尊长可吻额头,男子对尊贵的女子可吻其手指或手背。非洲某些部族的居民,常以亲吻酋长的脚或酋长走过的脚印为荣。西方现代的亲吻礼在欧洲许多国家广为流行。美国人尤其喜爱亲吻礼。法国人不仅男女之间,而且男人之间也都行这种礼节。法国男子亲吻时,常行两次,即左右脸颊各吻一次。比利时人的亲吻更加热烈,往往反复多次。许多国家的迎宾场合,宾主往往以握手、拥抱、左右吻面或贴面的连续性礼节表示敬意和顺应热烈气氛。

吻手礼是多流行于欧美上层社会的一种礼节,起源于中世纪的欧洲,尤以波兰最盛行。在社交场合中,同上流社会的贵族妇女见面时,如果女方先伸出手作下垂式,男方则可将其手指尖轻轻提起亲吻;女方若不伸手表示,则不吻。行吻手礼时,若女方身份地位较高,则男方要一只膝作半跪式,再提手吻之。吻手礼除在波兰受重视外,在英、法等国也较盛行。

8. 举手礼

举手礼是世界各国军人见面时的专用礼节,起源于中世纪的欧洲。当时的骑士们常常在公主和贵族们面前比武,在经过公主的座席时要口唱赞歌,歌词中往往将公主比成光芒四射的美丽的太阳,因而武士们看见公主时总要把手举到额前作遮挡太阳的姿势,这就是举手礼的由来。行举手礼时,要举右手,手指伸直并齐,指尖接触帽檐一侧,手掌微向外,右上臂与肩齐高,双目注视对方,待受礼者答礼后方可将手放下。

9. 点头礼

点头礼系同级或平辈之间的礼节。如走在路上与对方相遇,可边走边点头示意,不必停留。若在路上遇见上级或长者,应行鞠躬礼;上级对部下或长者对幼辈的答礼,可以在行进中进行,或伸手示意即可。

 小贴士

关于林肯的小故事

《林肯传》中有这样一则故事:一天,林肯总统与一位南方的绅士乘坐马车外出,途遇一老年黑人向他鞠躬。林肯点头微笑并也摘帽还礼。同行的绅士问道:"为什么你要向黑鬼摘帽?"林肯说:"因为我不愿意在礼貌上不如任何人。"1982年美国举行民意测验,要求人们在历届的40位美国总统中挑选出一位最佳总统,林肯名列前茅。

(二)日常交际的基本原则

1. 遵守时间

遵守时间,不能失约,这是国际交往中最起码的礼貌。参加各种活动,应按约定时间到达。失约是一种很不礼貌的行为。过早抵达,可能会因主人尚未做好准备及占用主人宝贵的时间而给对方造成尴尬或不便。迟迟不到,则会使主人或其他客人因等候过久而抱怨。所以,万一因故不能准时赴约,应有礼貌地尽早通知主人。

在日常交往中,电话是最方便、最常用的联系方法。信函约会主要用于比较正式的交往中,包括请求会见、同意会见或拒绝会见等。

这类信函行文必须有讲究,不需要太详细具体。若是请求约会,则必须婉转和有礼貌,只简单说明请求约会的理由,并提出一个合适的时间和地点,请求对方同意即可。若是同意安排约会,则可以完全同意对方提出的时间和地点,也可以原则上同意安排约会,但具体的时间、地点等细节有待进一步商讨。此外,要礼貌地向对方表示感谢。若是拒绝安排约会,行文的语气应婉转,同时要恳切地说明自己不能赴约的原因,否则会显得缺乏礼貌,甚至可能伤害对方的感情。

在正式的国际交往中,接到正式的邀请函必须视情况给予答复。若邀请函上注有"R.S.X.P"(法文"请回答"的缩写)字样,则不论参加与否,都要及时回复。若邀请函上注有"Regret only"(英文"不能参加请答复"),将出席就不必立即答复,只在临近活动日期时口头确认即可;不能出席,则需立即答复。

在世界不同的国家和地区,由于风俗习惯的不同,在守时这个问题上做法稍有差异。但是,在国际交往中,遵守时间、不能失约是起码的礼貌。

2. 尊重老人和妇女

尊重老人和妇女是一种社会公德。在西方国家流行着这样一句俗语:"女士优

先。"在社交场合或公共场所，男士要对女士表示尊重。人们在上车、进电梯时，总要让老人、妇女先行；下车、出电梯时，则要为老人、妇女开道并给予帮助。进出大门时，主动帮助老人、妇女开门、关门，帮助他们穿、脱大衣、外套。同桌用餐，两旁若是老人或妇女，应主动照顾，帮助他们入、离座位等。

在街上与女士同行时，男士应该走在人行道靠车道的一边。需要调换位置时，男士应从女士的背后走过去。

会客时，如与女士对坐，则不宜吸烟。夫妇到别家做客，告别时，应由女士先起立告辞。

总的来说，在交际场合，男士应经常为女士着想并照顾、帮助女士。西方人有一种形象的说法："除了提女士的小手提包外，男士可帮助女士做任何事情。"在尊敬老人的问题上，东方国家尤其是韩国和日本敬老传统十分深远，如韩国年轻人讲话不顶撞老人，不在老人面前吸烟等。西方国家老人亦很受尊重，但"老"字在西方人的价值观中具有否定意味，因而在与西方老人交际时应尽可能少使用"老"字。

3. 待客之道

对于来访的客人，主人必须热情诚恳地接待。如果客人突然来访，要尽可能地放下手边的事情去接待客人。接待客人时不要频繁看表，否则会使人认为你不耐烦或是变相下逐客令。如确有急事，可诚恳地向客人说明，并表示歉意。

可以用糖果、茶、咖啡招待客人。但是，煮咖啡和泡茶时不要先询问客人喝与不喝，因为那样客人一般会出于客气而谢绝。若是欧美客人，可先询问喝哪种饮料。

我国人民自古以来就有客来敬茶的传统礼节。家中如有客造访，先敬一杯热茶以表尊敬和欢迎，再寒暄一番，然后边品茶边畅谈，宾主双方的情谊借饮茶得到加深。

敬茶要讲文明，品茶应注意礼貌。客来敬茶应做到四忌：一要检查茶叶的品质是否正常，切忌冲泡有异味或夹带杂物的劣质茶；二要检查茶具是否经洗涤消毒，切忌用沾满茶垢的杯子敬茶，茶叶不要直接用手抓取；三要用刚沸的开水泡，切忌用隔夜开水泡茶；四要双手恭恭敬敬端举茶杯，还应和颜悦色地说声"请用茶"，切忌一只手送茶或用手握杯口端茶。伊斯兰教徒因生活习俗，不用左手传递物品，故可用右手向他们敬茶。

4. 谈话礼仪

谈话时应注意表情自然、语气轻柔、语言得体。谈话内容事先要有准备，应该开门见山地说明来意或是交谈的目的，或是寒暄几句，就较快进入正题。那种东拉西扯的闲聊会使人厌烦并且会使人怀疑你交谈的诚意。在交际场合不要轻易打断别人的发言。自己讲话时要给别人发表意见的机会，不要滔滔不绝，旁若无人。当对方讲话时,要耐心倾听,目光要注视对方,不要左顾右盼,也不能有看手表、伸懒腰、打哈欠等漫不经心的动作。谈话要切题,不能海阔天空、生拉硬扯,不轻易引出与谈话内容无关的其他话题。如对方提到一些不便议论的问题,不要轻易表态,可相机转移话题。如有急事需离开,应向对方打招呼表示歉意。

谈话内容一般不要涉及疾病、死亡等不愉快的话题,不谈荒诞离奇、耸人听闻、黄色淫秽的事情,不论小道消息、流言蜚语等毫无根据的事情。一般不询问妇女的年龄、婚姻状况,也不要打听对方的经历、工资收入、衣饰价格、家庭财产及其他私事。不同国家、不同文化背景的人对隐私的看法有所不同。欧洲人尤其是英国人的隐私范围极其广泛,与其打交道在谈话时要特别注意。初次见面谈天气、新闻是比较保险的话题。美国人隐私面较窄,谈话中只要不涉及对方收入、工资、家庭财产等问题,其他都可以交谈;东方人隐私观较淡,尤其是韩国人,几乎无话不谈,收入、工资情况等都在交谈范围之列。

在谈话过程中,不要随意批评他人,尤其是对长辈及有身份的人,不要议论其所在国的政事,不要随便讥笑和讽刺他人。说话要注意分寸,谦虚也要适度。在社交场合,一般不过多纠缠,也不要斥责辱骂,最后还要握手告别。

谈话时可适当做些手势,但动作不要过大,更不要手舞足蹈、大声说话或放声大笑。不要与谈话对方离得过近或过远,说话时保持 1 米左右的距离较为合适。切不要拉拉扯扯、拍拍打打,尤其注意不要口沫四溅。

男子一般不参加妇女圈子的议论,也不要无休止地与妇女攀谈。与妇女谈话要谦让、谨慎、有礼貌,不开玩笑,争论问题要有节制。

5. 电话礼仪

电话是现代通信工具,具有简便、快捷的特点。打电话不仅是一种交流手段,也成了一种交际方式。因此,无论是发话人还是受话人,都应注意现代通信礼仪。

(1) 打电话

选择适当的通话时间。通话时间应选择在早 8 点以后,假日最好在早上 9 点以后,晚间则应在 21 点以前,以免打扰对方及家庭成员的休息。与国外通话,还务必注意时差和生活习惯。电话接通后,要询问一下时间是否合适,有无妨碍。

查清对方的电话号码,并正确拨号,如弄错了,应向接电话者表示歉意,不可将电话一挂了事。拨号以后,如没有人接,应耐心等待片刻,待拨号音响六七次后再挂断。否则,如对方正巧不在电话机旁,急匆匆赶来接,电话没响几声就已挂断,这也是失礼的。

电话接通后,可以先询问一下对方的单位或电话号码,核实正确无误,然后再报发话人姓名。当对方询问你的名字时,一般应礼貌告知,不可反问"你是谁?"如受话人不在,可请对方转告或过后再打电话。

(2)接电话

电话铃响后,应尽快接听,不要故意拖延。如铃响三遍后再接,要说"对不起"或"让您久等了"。

接听电话应先自报家门,然后礼貌地问对方找谁。切忌不作自我介绍,只是一味询问对方"你叫什么名字?""你是哪个单位的?""你找他有什么事?"等等,这是极不礼貌的。

如接听以后,自己不是受话人,应负起代为转叫的责任。但不能尚未放下听筒,就大声叫:"×××,你的电话!"这样做,会显得你缺乏教养。如要找的人正忙着,不能马上接电话,你应该重新拿起电话告诉对方"请你等一下"。要是找的人不在,不能把电话一挂了事,而要耐心地询问对方姓名和电话号码,是否需要转告,并在征得同意后详细记录下来。

电话通信,一般由发话人先结束谈话。如对方话还未讲完,自己先挂断电话,这是失礼的行为。

(3)使用公用电话

要做到互谅互让。使用公用电话的人一般都有急事,如生了急病要救护车,失火或刑事案件需报警等,所以应互谅互让,给人以温暖。

要设身处地为别人着想。当你拨了电话一时打不通,就应让别人先打。决不能占着电话不放,这是不礼貌的。

尽可能缩短通话时间。公用电话是为方便大多数人而设立的,因此使用繁忙的公用电话要提高电话使用效率。要以讲清问题为原则,提高电话的通话效能,使有限的通信设施发挥更大的作用。

要爱护公用电话设施。公用电话设施服务大众,每个公民都应加以爱护。对个别故意毁坏公用电话设施的不良行为,应坚决制止。

6. 馈赠礼品

馈赠礼品是国际上通行的社交活动形式之一,也是向对方表明心意的物质手段。俗话说"千里送鹅毛,礼轻情意重"。馈赠礼品不是为了显示自己的富有,而是用来表示向别人祝贺、慰问、感谢的心意。

(1)送礼的一般原则

馈赠礼品,要以对方能够接受为原则,这样既可以避免因礼品寒酸而尴尬,也可避免礼品过于贵重而被拒收。另外,送礼的场合、时间以及礼品的种类、价值、送法及其他因素常常决定了礼品能否为双方所接受。因此,在选择礼品时,最好挑选物美价廉,具有一定纪念意义、民族或地方特色,或有某种艺术价值,为受礼人所喜爱的小艺术品、小纪念品、食品、花束、书籍、画册、一般日用品等。

礼品一般应当面赠送,并用礼品纸包装好。当面受礼时,绝大多数国家用双手接礼品,以示尊重,并向对方致谢。西方人习惯当面打开包装欣赏一下礼品以示礼貌。有时送礼人还可对礼品作一些介绍、说明。收到邮寄或专人送来的礼品,应回复一张名片或一封亲笔信表示感谢。

送礼时,还要尽可能考虑收礼人的喜好。有的礼品在这个国家很受欢迎,到另一个国家则可能并不被稀罕,甚至招致厌恶和反感。因此,要根据不同国家、地区的风俗习惯与个人喜好作些必要的调整。

(2)送礼的禁忌

赠送礼品要注意禁忌,不同国家和地区的文化背景不同,习俗也有很大差异。例如,与阿拉伯人初次见面时,不能送礼,否则会被视为一种行贿。也不能直接向阿拉伯妇女送礼品,送礼必须通过他们的丈夫或父亲,而送饰品给她们则更是大忌。与法国女士接触时,忌送香水之类的化妆品,因为它有"过分亲密"、"图谋不轨"之嫌。

要注意不能把手帕和刀剪送给拉丁美洲客人,因为人们常把手帕与眼泪联系在一起,而刀剪是友谊破裂的象征,就意味着友谊的完结。

在日本,可以把钟送给朋友,表示友谊有始有终。但在我国,尤其是老年人最忌讳别人送钟,因为"钟"与"终"同音,送钟即"送终"之意。恋人之间忌讳对方送梨,因"梨"与"分离"的"离"字同音。朋友之间最忌讳对方送"伞",因为"伞"与"散"同音。

【能力检测】

1. 请根据"头容正、肩容平、胸容宽、背容直、重心稳、表情松"的口诀进行形体训练。
2. 常用的礼貌用语有哪些?
3. 见面时的礼仪有哪些?

项目三　会务服务相关民俗知识

【学习总目标】
- 掌握国内部分民族和港澳台地区民俗
- 掌握主要客源国的主要民俗

【学习分目标】
- 熟悉我国汉族和少数民族的民俗节日
- 了解不同民族的礼节
- 熟悉不同民族的禁忌
- 了解我国入境旅游客源国的礼节和禁忌

【学习情境】

锦江国际酒店再次携手全球领先的商务旅游和会议组织"全球商旅协会(简称 GBTA)"举行第二届中国区年会,大会备受期待,将于 2014 年 3 月 31 日至 4 月 2 日在上海盛大召开。

作为合作伙伴,锦江国际酒店下属旗舰店上海锦江饭店,将为大会全程提供会议场地,3 月 31 日晚,本次年会的欢迎酒会也将在锦江饭店正式拉开帷幕。锦江饭店这座新中国第一个国宾馆,是党和国家领导人在上海从事国事、外交活动的重要场所。开业至今,见证了中国现代历史上许多重大的政治事件,包括签署发表了《中美联合公报》。

高星级酒店往往会承担规格较高的各类会议,客人来自五湖四海,作为会务服务人员,我们如何接待来自不同民族甚至不同国籍的客人呢?

【学习任务】

一、国内部分民族和港澳台地区民俗

我国是一个统一的多民族国家。全国共有 56 个民族,汉族人口最多,约占全国总人口的 91.51%(中国大陆第六次人口普查数据)。其他民族约占 8%,他们人口虽然不多,但分布较广,约占全国总面积的 50%~60%。由于历史的原因,人们习惯上把汉族以外的其他民族称为少数民族。少数民族在长期的历史发展过程中,在饮食起居、礼貌礼节、禁忌等方面形成了各不相同的风俗习惯和文化特点。因此,在会务接待中,应贯彻党的民族政策,尊重他们的宗教信仰和各种禁忌。

（一）汉族

1. 简介

汉族是我国人口最多的民族，遍布全国各省、市、自治区。主要聚居在黄河、长江、珠江三大流域和松辽平原。语言属汉藏语系汉语支，是我国的通用语言，也是国际上通用语言之一，使用人数最多。在6000年前汉语已有文字，是世界上最古老的文字之一。汉语同我国境内的藏语、壮语、傣语、彝语、苗语、瑶语等，以及境外的泰语、缅甸语都是亲属语言，主要方言分北方话、吴语、湘语、赣语、客家语、闽南话、闽北话和粤语等。现代汉民族共同语是以北京语音为标准音、以北方话为基础方言、以典范的现代白话文著作为语法规范的普通话。

2. 礼仪习俗

（1）春节

春节是我国的农历新年，是汉族和其他民族最为隆重的节日之一。在古代，这是一年的第一个早晨，所以也称作"元旦"。辛亥革命后，将公历1月1日称为新年元旦，将农历正月初一改称春节，俗称"年初一"。

关于"年"，传说它原是古代的一种怪兽，十分凶猛，每到寒冬将尽，新春来临之际，就出来掠食噬人。人们为了防御它，一到这时候，便聚在一起，燃起篝火，投入一根根竹子，发出"噼噼啪啪"的爆裂声，吓得"年"逃跑了，大家平安无事，于是兴高采烈地互相表示祝贺，拿出丰盛的食物在一起吃。这样年复一年，便形成了一个欢乐的节日，称为"过年"。还有一种传说是"年"有谷物成熟的意思。是预祝丰收喜庆的日子，后来又逐渐成了"岁"的代称。久而久之，农历新年成为我国各民族的重要节日。

从过去的"年"到现在的春节，形成了很多风俗习惯。如除夕守岁、贴春联、贴年画、放鞭炮、舞龙、舞狮、吃年糕等习俗，至今仍在盛行。其中尤以放鞭炮最为热闹。

一年一度的春节，人们兴高采烈，在食物方面，也十分丰富。如吃年糕，是希望生产和生活步步高（"糕"与"高"谐音）；吃年粽，则象征天天都足食，岁岁有余粮。总之，春节是一个迎新的节日、隆重的节日，也是快乐的节日、幸福的节日。

（2）元宵节

每年的农历正月十五，称"上元"。根据我们民间的传统习惯，在一元复始、大地回春的第一个月圆之夜，家家户户亲人相聚，共同欢庆，因为这天叫"上元节"，又称"元宵节"、"灯节"。

元宵之时，人们除了吃元宵外，还喜欢在夜里燃灯、观灯和猜灯谜，因为元宵节也称"灯节"。这种富有民族风格和生活情趣的活动，凝结着我国劳动人民的聪明和智慧，是中华民族的艺术创举之一。

(3) 清明节

"清明"是我国农历二十四节气之一。旧俗在清明前一天（一说前两天），禁火寒食。这一风俗据说是为了纪念春秋时代晋文公的贤臣介子推。晋文公下令每年到介子推烧死的这一天，全国禁止烟火，家家吃干粮、吃冷饭、喝凉水，表示纪念。这一天后来就叫寒食节，也称禁烟节。

当时，清明节这天前后，晋国的百姓家家门上挂柳枝，人们还带上饰品到介子推墓前野祭、扫墓，以表怀念。晋国当时为诸侯盟主，这些风俗也就很快传到了其他各国。从此以后，清明扫墓活动得到了沿袭。

(4) 端午节

农历五月初五是我国民间传统的端午节，又称重午节、端阳节。

在我国广大人民心中，这一节日是用来纪念战国时期伟大爱国诗人屈原的。相传屈原于五月初五在湖南汨罗江抱石投江自沉。

端午节的主要习俗是赛龙舟、吃粽子。端午节时，有的人家还喜欢在门前挂菖蒲、白艾，洒、饮黄酒，另外还在衣襟前挂个香粉荷包。总的来说，端午节的传统和习俗，蕴含了我国人民美好的文明传统，给人民生活增添了绚丽的色彩。

(5) 中秋节

每年的农历八月十五，是我国传统的中秋节。"中秋"二字，按我国古代的解释是：农历八月在秋季中间，叫"仲秋"；八月十五又在仲秋之中，称"中秋"。定八月十五为节，就名为"中秋节"或"仲秋节"。

中秋之夜，月亮最亮、最圆，月色也最美。人们把月圆看作团圆的象征，因此也称八月十五为"团圆节"。另外，中秋节之所以成为佳节，还在于月亮有种种美丽的神话和传说，因为我国古时就有赏月和祭月之风。祭拜月亮的主要物品是月饼，祭供后全家分食。由于月饼象征团圆，反映了人们对全家团圆的愿望，故又称它为"团圆饼"。

(6) 重阳节

农历九月初九，是我国传统的"重阳节"。古代以"九"为阳数，九月九，两阳相重，故名"重阳"，又称"重九"。

重阳节的风俗甚多，主要有登高、插茱萸、饮菊花酒和赏菊。

今天，重阳节已成为敬老和尊老的一个重要节日。

3. 忌讳

汉族在长期的历史发展过程中，吸收了各兄弟民族的优秀文化，也接受了某些生活习俗，形成了独特的禁忌和惯例，主要有：

喜庆日不能穿白色衣服。认为人死后才披麻戴孝，穿白色为不吉利。

有些地区有喜"8"厌"4"的习俗，因"8"与"发"同音，"4"与"死"同音；朋友间不能借"伞",因"伞"与"散"同音;尤其是热恋中的男女,不能同吃一只"梨",因"梨"与"离"谐音。

(二)藏族

藏族,人口约459万(1990年统计数字,下同),主要分布在西藏、四川、青海、甘肃、云南等地。自称"博",居住在西藏地区的称"博巴",居住在川西一带的称"康巴",居住在青海、甘南、川西北等地的称"安多哇"。藏族语言属汉藏语系藏缅语族藏语支。藏文系参照梵文某些字体,于公元7世纪前期创制,经3次修订,为自左向右横写的拼音文字,通用至今。藏语方言差别很大,依地区分为藏、康、安多三个方言。藏族主要从事农业和畜牧业,多信喇嘛教。1965年9月9日,我国西藏自治区成立。

1. 礼仪习俗

(1)敬献哈达

哈达是一种白色礼巾,释为仙女身上的飘带,以其洁白无瑕象征至高无上。敬献哈达是藏族人对客人最普遍而又最隆重的礼节。所献哈达越长越宽,表示的礼节越隆重。对尊者、长辈,献哈达时要双手举过头顶,身体略向前倾,将哈达捧到座前;对平辈,只要将哈达送到对方手中或腕上即可;对小辈或下属,则系在他们的颈上。不鞠躬或单手送都是不礼貌的。接受哈达的人通常做好与献哈达的人一样的姿势,并表示感谢。

(2)敬献青稞酒、酥油茶

客人到藏族家庭做客,主人要敬青稞酒三杯。无论客人会不会喝酒,都要用右手无名指蘸酒弹一下。如客人不喝不弹,主人会立即端起酒边喝边跳,前来劝酒。如客人酒量小,可喝一口就让添酒,连喝两口酒后,由主人添满杯,客人一饮而尽,这样,客人虽喝得不多,主人也会满意。按藏族规矩,主人敬献酥油茶时,客人不能拒绝,至少要喝三碗,喝得越多越受欢迎。敬酥油茶的礼仪是:客人坐在藏式方桌边,女主人拿一只镶银边的小木碗放在客人面前,接着提壶(现改为热水瓶)给客人倒上满碗酥油茶,主客开始聊天,等女主人再提壶,客人便可端起碗来,轻轻地往碗里吹一圈,然后喝一口,并说些茶打得好之类的话;等女主人第三次提壶时,客人喝上第二口;客人准备告辞,可多喝几口,但不能喝干,碗底一定要留下点漂酥油花的茶底。

(3)鞠躬致礼方式

藏民见到长者、平辈有不同的鞠躬致礼方式。见到长者或尊敬的人,要脱帽弯腰,帽子拿在手上,接近于地面;见到平辈,头稍稍低下即可,帽子可以拿到胸前,这时的鞠躬只表示一种礼貌。在有些地区,合掌与鞠躬同时并用,合掌要过头顶,表示尊敬,这种致礼方式多用于见到长者或尊敬的人。藏族自古就有敬老的美德,在许多节日里,都有向老人祝寿的习惯。藏民在见面打招呼时,还以点头吐舌的方式表示亲切问候,受礼者应该微笑点头示意。客人拜访时,藏民等候在帐外,目迎贵宾光临。

2. 忌讳

凡行人碰到寺庙、金塔、玛尼堆和龙树时,都必须下马,并遵守从左边绕行的规定。信仰苯教的人则从右边绕行。

进入寺庙,忌讳戴眼镜、吸烟、摸佛像、翻经书、敲钟鼓。对喇嘛随身佩戴的护身符、念珠等宗教器物更不得动手抚摸。进入寺庙要肃静,必须就座时,身子要端正,切忌坐活佛的座位。

不许在寺院附近砍伐树木、大声喧哗;不准在附近的水域捕鱼、钓鱼,不准在附近打猎和随便杀生。

不准用单手接、递物品;主人倒茶时,客人须用双手把茶碗向前倾出,以示敬意。

不得在藏民拴牛、拴马和圈羊的地方大小便;不得在人面前随便吐痰、脱鞋、脱袜;不得当人面烘烤鞋袜和裤子;不得面对藏民打喷嚏。

不得动手摸弄藏民的头发和帽子。

不得用有藏文的纸当手纸或擦东西。

进入藏民帐房后,男的坐左边,女的坐右边,不能坐错位置或混杂而坐。

藏民家里有病人或妇女生育,门前都做有标记。有的在门外生一堆火,有的在门口插一树枝或贴一红布条,外人见到标记切勿入内。

藏民一般不吃鱼虾、鸡肉和鸡蛋,不要勉强劝食。不过随着藏区对外来往交流的频繁,这类饮食习惯如今已经有很大的改变。

(三) 蒙古族

蒙古族主要居住在内蒙古自治区、东北三省及甘肃、青海、新疆等地,拥有人口约480万。公元7世纪以来,少数波斯人和阿拉伯人久居中国,在与汉、维吾尔、蒙古等族长期相处的过程中形成了回族。现在,宁夏回族自治区集中居住着全国约1/3的回族人口,其余散居于我国他地,有大分散、小集中的特点。以西北地区及河南、河北、山东、安徽、云南、辽宁、北京等省份分布较多。回族人口逐渐习惯于以汉族语言作为本民族的共同语言。受阿拉伯、波斯等传统文化的影响又吸收了汉族文化是回族文化的特色,但在共同心态、经济生活、宗教信仰和风俗习惯等方面回族仍表现出自己的特色。我国宁夏回族自治区于1958年10月25日成立。

1. 礼貌礼节

尊敬长者。

讲究卫生,室内洁净,饭前便后要洗手。

阿訇是清真寺主持教务的人,极受穆斯林及回族人的尊敬。当他们在祈祷时,千万不要打扰他们。

2. 忌讳

严格禁止用食物开玩笑;不能用忌讳的东西作比喻,如不能说某某东西像血一样红。

禁止在背后诽谤别人或议论他人的短处。

反对赌博、游手好闲等。

外出必须戴帽,严禁露顶。

忌用左手递送物品。

(四)维吾尔族

维吾尔族人口约720万,主要居住在新疆维吾尔自治区天山以南地区。语言系阿勒泰语系突厥语族。文字原用阿拉伯字母的拼音文字,新中国成立后创制了拉丁新文字,现在新旧文字都在使用,居民多信奉伊斯兰教。我国新疆维吾尔自治区于1955年10月1日成立。

1. 礼貌礼节

维吾尔族人十分重视礼貌,在路上遇到尊长或朋友,或平时待人接物时,习惯将右手按在胸前中央,然后把身体向前倾30度,并连声道:"您好"。

老人吃饭或到别人家做客,常用手摸脸做"都瓦"(一种祝福的宗教仪式),有时握手后也做"都瓦"。

家里来了客人,全家都自觉地跑来欢迎,然后女主人用盘子把茶水端上来。人们端茶或接受礼品都用双手,以示尊敬。

讲究卫生,常喜欢在自来水龙头下直接冲洗手脸。到维吾尔族家里做客,进门前和用餐前女主人都要用水壶给客人冲洗双手,一般洗3次。习惯一人专用茶杯,因此维吾尔族客人做客住宿期间也不要更换。当第一次给维族人泡茶时,须当着本人的面,将茶杯消毒后才使用。

2. 忌讳

禁食猪、驴、狗、骡肉,自死的牲畜一律不吃。

吃饭时不能随便拨弄盘中食物,不能随便到锅灶前,不要剩食物在碗中。饭毕有长者领做"都瓦"时,忌东张西望或立起。

衣忌短小,上衣一般要过膝,裤脚达脚面,最忌户外着短裤。

屋内就座时应跪坐,忌双腿伸直、脚朝人。

忌睡觉时头东脚西,故在安排客房、安放卧具与枕头时应特别注意。

(五)壮族

壮族人口达1550万,90%以上聚集于广西壮族自治区的南宁、百色、河池、柳州4个地区,其余分布在云南文山、湖南江华、广东连山和贵州从江等地。壮族有本民族的语言文字,壮语属汉藏语系壮侗语族壮傣语支,分南北两个方言。壮族历史悠久,文化灿烂。宗教方面信奉多神教,以自然物为崇拜对象;祖先崇拜占有重要地位,每家正屋都供奉着"天地亲师"神位,有的还信奉佛教。我国广西壮族自治区于1958年3月5日成立。

1. 礼貌礼节

客人来访,必由主人出面热情招待,让座递烟,双手捧上香茶。茶不能太满,否则视为不礼貌。

客人告辞时,主人要将另留的鸡肉和客人盘中的余肉用菜叶包好,让客人兜着带回去,给亲人品尝,客人决不能拒绝。

尊重老人,德高望重的老人自然成为村寨的领袖。办事多听从老人意见。窄路相逢,主动给老人让路。赴宴做客,给老人让上座,要将鸡头等上等菜留给老人。

2. 忌讳

壮族人的礼仪习俗为有客人在家,不得高声讲话,进出要从客人身后绕行。与客人共餐,要两脚落地,与肩同宽,切不可跷起二郎腿。

不爱吃胡萝卜、西红柿、芹菜等。

(六) 满族

满族历史悠久,满族统治者曾统治全国达295年。现有人口984.68万,主要分布在东北三省,其中辽宁省190万,其余的散居于河北、新疆、宁夏、甘肃、内蒙古和山东等省份以及北京、西安、广州、杭州等大中城市。

满族原有自己的语言文字,属阿勒泰语系满—通古斯语满族语支。清代以来,满族在语言、服饰、习俗等方面与汉族差异逐渐缩小。

1. 礼貌礼节

满族人讲究礼貌,非常注重礼节。平时相见都要行请安礼。遇见长辈,要请安以后才能讲话,以示尊重。过去,小辈对长辈要三天一小礼,五天一大礼。小礼是请安问候,大礼是"打千",即哈腰,左膝前屈,右腿略弯,右手沿膝下垂。女人"打千"为双手扶膝下蹲。最隆重的礼节是抱见礼,就是抱腰见面礼。一般亲友相见,不分男女均行此礼,以表示亲昵。

2. 忌讳

满族人不打狗、不杀狗,忌吃狗肉,也不戴狗皮帽子或者狗皮套袖,忌讳戴狗皮帽或狗皮套袖的客人。这源于"义狗救主"的传说。

满族人行土葬,忌在西炕或北炕死人;人死入棺后从窗户抬出;家里死了人,送葬之后,就不能在家哭泣,否则会认为不吉利。

(七) 朝鲜族

朝鲜族人口约192.34万,主要居住在东北三省,吉林省占60%以上,还有一部分分布在辽宁省和黑龙江省。

朝鲜族有自己的文字,语言属阿勒泰语系。朝鲜族的歌舞蜚声全国,歌曲流畅、婉转、明朗,舞蹈舞姿柔软轻盈,既明朗激昂又深沉含蓄,既细腻又大方。朝鲜族酷爱体育,讲究卫生,讲究礼貌。

1. 礼貌礼节

朝鲜族素有尊老爱幼、礼貌待人的优良传统。老年人在家庭和社会上处处受到尊重。朝鲜族热情好客,对客人光临十分高兴,倾其所有让客人吃饱吃好。用餐时,汤匙放在汤碗里;如将汤匙放在桌上,则表示吃好了。主人不能先于客人放筷。遇到稀客来临,主人必以酒相待。朝鲜族男子大多喜欢喝酒,并把酒看作友谊的象征。在朝鲜族人家里做客,吃完饭后要在碗里剩点食物,如果吃得很干净,会让主人误认为准备不足。

2. 忌讳

朝鲜族在婚丧及佳节禁止杀狗和忌食狗肉。

忌讳别人称他们为"鲜族"。

严禁同宗、表亲通婚。

(八) 苗族

苗族人口740万左右,主要居住在贵州、云南、湖南、四川等省份。苗族自称Hmub(谐音:牡)、Hmongb(谐音:蒙)、Hmaob(谐音:摸)、Hmab(谐音:毛)等。苗语属汉藏语系苗瑶族苗语支,没有统一文字。贵州省是我国苗族人口主要分布省,集中在黔西南、黔南及黔东南一带。大杂居、小聚居是苗族分布的特点。由于地域差异,他们的一些生活习俗也各有特色。苗族信仰万物有灵,以自然崇拜和祖先崇拜最为突出。

1. 礼貌礼节

苗族人待客真诚、热情,鄙视浮华和虚伪。客人来访,必杀鸡宰鸭,盛情款待。待客时,男女主人均穿上节日盛装,家中摆下酒席,男人还要到村寨外路旁等候,恭迎客人光临。客人到家门口时,男主人以唱歌形式叫门,女主人也以唱歌开门迎接客人。在招待客人的宴会上,主人要遵守敬酒、分菜和添饭等礼节。若是远道而来的贵客,苗族人习惯先请客人饮牛角酒。

苗族妇女有婚后"不落夫家"的习俗,有的婚后在娘家居住长达数年。

2. 忌讳

苗族人不喜欢别人称他们为"苗子",而喜欢他们的自称"蒙"。同辈男女都以兄弟姐妹相称,最忌"姐夫"、"妹夫"之称。

忌食狗肉,禁止杀狗、打狗。也不食牛羊肉。忌在屋里煮蛇。

禁止已婚妇女再穿裳衣,认为这会触犯祖宗,将会招致大祸。

忌在家里或夜里吹口哨。忌刀口朝上,忌用凶器指人。

禁止在村寨周围挖土或砍伐古树。

父母或同村人去世一个月内,忌食辣椒。人死入葬后一个月内,家里人不能婚嫁,也不能唱歌或吹奏芦笙,以示哀悼。

(九)彝族

彝族人口约660万,主要分布于川、滇、黔、桂4省区,四川凉山彝族自治州是全国最大的彝族聚居区。彝族有自己的语言和文字,彝语属于汉藏语系藏缅语族彝语支。信仰多神教。崇拜祖先。

1. 礼貌礼节

彝族人性格耿直、朴实、豪爽、热情好客,惯以酒待客,有"无酒不成敬意"之说,如果主人敬酒不喝,则被认为是看不起主人。彝族人的火把节农历六月二十四前后举行,历时3天,活动期间要杀猪宰羊,准备酒肉,祭祀祖先。白天举行斗牛、斗羊、斗鸡、赛马、摔跤、唱歌、跳舞、吹口弦等民族娱乐活动;夜间则高举火把,成群结队,边行边唱,巡游于山岗山野。届时火光漫山遍野,非常壮观。

2. 忌讳

部分彝族人忌食马、驴、骡肉。

彝族男子头上都蓄有一绺头发,称为"子尔",这是每个人最高贵的地方,忌旁人用手触摸,否则被认为是对人极大的侮辱。

祭祀时忌外人观看。忌外人骑马进入彝族寨子,骑马者到寨门的竹篱笆前必须下马。

在彝族人家里做客,要坐在火塘的上方或右方,忌用脚踏三脚架,忌掏挖火灰,尤忌在其中挖洞。

(十)傣族

傣族人口约100万,主要居住在我国西南边疆的云南省,以西双版纳和德宏两州最为集中。傣族语言属汉藏语系侗族壮傣语支。傣族主要信仰小乘佛教,它渗透到人们经济、文化、社会生活的各个方面,成为带有全族性的宗教信仰。

1. 礼貌礼节

傣族的传统美德是尊老爱幼和团结互助。家庭关系十分和谐,邻里之间互相照顾。傣族热情好客,盛情款待来投宿的过往客人。有的还专门备有招待客人的被褥。

泼水节是傣族传统新年和最隆重的节日。时间在傣历六月,一般在公历4月中旬,通常持续3~4天。泼水节期间,青年男女互相泼水,进而向行路人倾泼,用以祝福对方平安、幸福,人们相互追逐,水花飞溅,以湿为乐。

2. 忌讳

傣族的禁忌大多跟他们的宗教信仰密切相关。佛寺是神圣的地方,平时俗人不能进入,若必须进入,则要将鞋脱在外面。在佛寺内不许触摸佛像、法器、仪仗。不许敲寺内的铓锣和鼓。不许跟僧侣攀谈、嬉笑,更不许触摸僧侣的身躯和头部。不可摸小和尚的头顶,走路时禁止踩着僧侣的影子。

忌讳外人赶牛、骑马、挑担子或蓬头散发进入寨子。

客人进入傣家竹楼必须将鞋脱在外边。忌讳坐在火塘上方及跨越火塘。

忌从妇女脚上跨过或者触摸妇女头上的发髻。

晾晒衣服时,上衣晒在高处,裤子和裙子要晒在下方。衣服不能用来当枕头。忌讳在家中吹口哨、剪指甲。

(十一) 港、澳、台地区

1. 简介

香港、澳门、台湾自古以来就是中国领土不可分割的一部分。1840 年以后,西方帝国主义列强凭借其坚船利炮打开中国大门,强迫腐败无能的清政府签订一系列不平等条约,香港、澳门才被分割出去,分别被英国和葡萄牙强占。台湾则先被日本窃取,1945 年重归中国版图后,1949 年又与祖国大陆长期隔离。

香港包括香港岛、九龙和新界,现时总面积为 1076 平方千米,位于珠江出海口东侧,是中国通往世界的南大门,素有"东方之珠"的美称。人口约 672.5 万(2001 年),中国人占 98%。按照"一国两制"的构想,香港于 1997 年 7 月 1 日顺利回归祖国。江泽民主席在中英香港政权交接仪式上庄严宣告:中国政府对香港恢复行使主权。香港特别行政区首任行政长官为董建华。

澳门古称"蚝镜",包括澳门半岛和氹仔、路环两个离岛,现时总面积为 27.8 平方千米,位于珠江口西南。人口 45 万,98% 为中国居民。1985 年 5 月,中国政府和葡萄牙政府就举行谈判解决澳门问题达成协议。从 1986 年 6 月至 1987 年 3 月,中葡双方代表在北京举行了四轮谈判。1999 年 4 月,由 200 名澳门永久性居民组成的澳门特别行政区第一届政府推选委员会成立。5 月 15 日,第一任行政长官何厚铧当选。1999 年 12 月 20 日,澳门回归祖国怀抱。这是"一国两制"实现祖国统一大业的又一重要成果,是中华民族的又一盛事。澳门回归祖国后,标志着外国人占据和统治中国领土的历史彻底结束。

台湾是中国的第一大岛,位于祖国东南沿海的大陆架上,西隔台湾海峡与福建相望。台湾省总面积 3.6 万平方千米,包括台湾本岛及兰屿、绿岛、钓鱼岛等 21 个附属岛屿,澎湖列岛 64 个岛屿,以及目前为台湾当局控制的福建省的金门、妈祖等岛屿。人口 2227 万,绝大多数是汉族和高山族同胞。

台湾问题不同于香港、澳门问题,是国内战争遗留下来的问题,其本质是中国的内政问题,由中国人自己来解决,不允许外国干涉。1979 年元旦,全国人大常委会发表《告台湾同胞书》,郑重宣布了关于台湾回归祖国、实现国家统一的大政方针；1981年8月26日，邓小平在会见台湾、香港知名人士傅朝枢时进一步阐述了中央政府对台湾的政策；1982年9月24日，邓小平在北京会见英国首相撒切尔夫人时，全面阐述了中国政府准备用"一国两制"的办法解决香港问题的立场；1983年6月，邓小平在会见美国新泽西州西东大学教授杨立宇时，进一步发挥了关于台湾和大陆和平统一的构想，即题为"中国大陆和台湾和平统一的设想"的谈话（后来被简称为"邓六条"）；1984年2月，邓小平在会见美国乔治城大学战略与国际问题研究中心代表团时，再次明确使用了"一国两制"的提法。香港问题和澳门问题成功解决，是"一国两制"构想的重大胜利。

"一国两制"构想的提出并付诸实践，使海峡两岸关系有了重大进展。1993年4月，"海协会"会长汪道涵和"海基会"会长辜振甫在新加坡举行"汪辜会谈"，取得了积极成果，产生了广泛影响。在两岸关系缓和发展的同时，台湾岛内的分裂倾向也在发展，同时外国反华势力也在进一步利用台湾问题对中国进行牵制与遏制。

根据台湾局势、两岸关系和国际形势的发展变化，1995年1月30日，中共中央总书记、国家主席江泽民发表题为"为促进祖国统一大业的完成而继续奋斗"的重要讲话，进一步阐述了邓小平关于"和平统一、一国两制"的思想精髓，提出了现阶段发展两岸关系、推动祖国和平统一进程的八项主张，使"一国两制"构想具体化，是系统阐述中国共产党和中央政府对台政策的纲领性文件。

2. 礼貌礼节

通行握手礼，还保留较多的如拱手、抱拳、鞠躬等中国传统礼节。此外，港、澳、台同胞还流行叩指礼，当他们在接受别人为其布菜或斟酒时，立即把手指弯曲，以指尖轻轻叩打桌面，表示感谢。

港澳台同胞非常重视中国的传统文化，注重传统的农历节日，如春节、端午节、清明节、中秋节、重阳节等。过节时要祭神、祭祖，其形式、规矩讲究颇多。同时，由于受西方文化影响，许多人也过圣诞节、情人节等西方节日。

3. 忌讳

港澳台同胞忌说不吉利的话，喜欢讨口彩。特别是香港人有喜"8"厌"4"的习惯。因为香港人大都讲广东话，而广东话中"8"与"发"谐音，"4"与"死"同音。因此，人们避免用"4"来做标志，送礼也不送"4"种。在遇到非说"4"不可时，就用"两双"来代替。逢年过节时，不能说"新年快乐"或"节日快乐"，而用"新年愉快"、"节日愉快"或"恭喜发财"代之。这也是谐音的关系，因"快乐"或"快落"听起来很相似。忌送茉莉花和梅花给商人，因"茉莉"与"没利"谐音，"梅"与倒霉的"霉"同音。

二、我国入境旅游主要客源国的民俗

1. 德国

(1)基本概况

德国的正式名称是德意志联邦共和国,它位于欧洲中部,全国总面积约35.7万平方千米,全国总人口约8209万,德国的主体民族是德意志民族,此外,德国还生活着少量的丹麦人、吉普赛人、索布人以及其他外籍人。

德国作为国家的名称,源于"德意志"一词,其含义为"人民的国家"、"人民的土地"。德国还有"经济巨人"、"欧洲心脏"、"出口大国"、"运河国"、"啤酒之国"等美称。

德国的首都是柏林,官方语言是德语。德国主要宗教是基督教和天主教。

主要节日有元旦、啤酒节等。

(2)风俗习惯

其一,社交方面。

与欧洲其他主要国家的人民相比,德国人在待人接物方面所表现出来的独特风格,往往会给人以深刻的印象。一般而言,德国人在人际交往中通常会表现为以下四个特点:第一,纪律严明,法制观念极强。德国人讲纪律、守法律,在世界上是出了名的。在德国,事无巨细,皆有法可依。在日常生活中,德国人为人处世不仅讲究有法可依,而且更强调有法必依。遵纪守法在德国被视为做人的一种美德。第二,讲究信誉,有时间观念。在人际往来中,德国人非常讲究信誉,他们虽然在谈判时斤斤计较,精于讨价还价,但正式合同一旦订立,则必定会严格遵守,依约而行。他们还十分珍惜时间,在交谈时,大都喜欢闲话少说,直奔主题。第三,极度自尊,非常尊重传统。由于诸多历史原因,德国人极为珍惜本国的文化传统,并且极度自尊。对于世界流行、美国人占绝对优势的篮球、垒球、橄榄球等运动项目,酷爱体育的德国人一点兴趣也没有。第四,待人热情,十分重视感情。绝大多数德国人都非常注重人与人之间的感情,他们家庭观念极强,把亲人之间的团聚视为最幸福的时光。

德国人在人际交往中对礼节非常重视,在社交场合,德国人通常都将握手礼仪作为见面礼节。与亲朋好友见面,德国人往往会施拥抱礼,有些上了年纪的德国人,与人相逢时还往往习惯于脱帽致意。

重视称呼是德国人在人际交往中的一个鲜明特点,对德国人称呼不当,会使对方大为不快。德国人对职衔、学衔、军衔看得比较重,对有此类头衔者,在见面时一定不要忘记称呼其头衔。

其二,服饰方面。

德国人在着装打扮上的总体风格是庄重、朴素、整洁。他们不太接受过分前卫的服装,不喜欢穿着过于鲜艳、花哨的服装,且对衣冠不整、服装不洁者不能容忍。在一般情况下,德国人着装较为简朴,男士大多爱穿西装、夹克,妇女则爱穿翻领长衫和色彩图案淡雅的长裙,并以淡妆为主。德国人在正式场合露面时,通常都穿戴整整齐齐,衣着一般为深色,在商务交往中,男士还讲究穿三件套西装。在日常生活中,德国人服饰的民族特点并不显著,但德国人对发型较为重视。在德国,男士不宜剃光头。德国女子的发式多为短发或披肩发,留披肩发的大多是已婚者。

其三,饮食方面。

德国人十分讲究饮食,在一般情况下,德国人餐桌上的主角是肉食,面包、禽蛋等虽然受欢迎,但它们基本上属于配角。德国人最爱吃猪肉,以猪肉制成的各种香肠令德国人百吃不厌。但德国人不爱吃羊肉,而且除某些地区外,德国人大都不爱吃鱼、虾。即使吃鱼,在吃鱼时也不准讲话,这是德国的一种独特民俗。

德国人一般胃口较大,喜食油腻食物。在口味方面,德国人爱吃偏甜、偏酸的菜肴以及冷菜。自助餐发明于德国,在外出用餐时,德国人很爱选择这一就餐形式。

德国人在用餐时,有以下特殊的规矩:吃鱼的刀叉不得用来吃肉和奶;若同时饮用啤酒、葡萄酒,宜先饮啤酒,后饮葡萄酒;食盘中不宜堆积过多的食物;不得用餐巾扇风;忌吃核桃。

(3) 礼仪禁忌

德国的国花为矢车菊,所以德国人对矢车菊最为推崇。在德国不宜送蔷薇,蔷薇专用于悼念活动。德国的国歌为《德意志之歌》。德国的国鸟是白鹳,白鹳在屋顶筑巢被看成是吉祥的预兆。

对于"13"和"星期五",德国人极其厌恶。他们对于四个人交叉握手的形式及交际场合交叉谈话也比较反感。德国人对纳粹党党徽十分忌讳,它与我国民间表示吉祥的"万福"字十分相似,切莫将二者混淆乱用。

德国商店在星期日一律停业休息,所以这一天上街购物一定会空手而归。向德国人送礼物,切勿选择刀、剑、剪、餐刀和餐叉等形式的礼品。用褐色、白色、黑色的包装纸和彩带包装礼品也是不允许的。

与德国人交谈时,不宜涉及纳粹、宗教以及党派之争等敏感问题。

2. 法国

(1) 基本概况

法国正式名称是法兰西共和国,它位于欧洲西部,总面积约为55.16平方千米,人口大约是6019万,其中法国的主体民族法兰西人约占90%。另10%为布列塔尼人、巴斯克人、科西嘉人以及一些外籍人。

"法兰西"源于古代的法兰克王国的国名,"法兰西"一词的本意是"自由"或"自由人"。在历史上,法国还曾被人称为"高卢"、"艺术之邦"、"时装之国"、"葡萄之国"、"名酒之国"、"奶酪国"、"美食王国"等。这些都是世人给予法国的美称。

法国的首都是巴黎,主要宗教是天主教,还有少数人信奉基督教、犹太教、伊斯兰教。

法国的国语是法语。1789年7月14日,法国人民冲进并捣毁了巴士底狱取得了巴黎武装起义的胜利,因此,法国把每年的7月14日定为国庆日,重要的节日有万圣节、圣母开天节等。

(2)风俗习惯

其一,社交方面。

法国人在待人接物方面的表现与英国、德国等其他国家是不大相同的。从总体来讲,法国人在人际交往中都会表现下列特点:第一,爱好社交。对法国人来说,社交是人生的重要内容,没有社交活动的生活是难以想象的。第二,诙谐幽默,天性浪漫。在外国人看来,法国人似乎都是不知愁为何物的乐天派。第三,渴求自由,纪律性较差。法国人是世界上著名的"自由主义者","自由"、"民主"、"平等"、"博爱",不仅为人所推崇,更被载入法国宪法。第四,自尊心强,偏爱"国货"。法国的时装、美食、艺术蜚声国际,世人皆知,法国人拥有极强的民族自尊心和民族自豪感,认为世间一切食物法国最棒。第五,骑士风度,尊重妇女。"骑士"曾经是法国贵族一个阶层,"骑士风度"指的是流传至今的用以规范骑士举止行为的一系列宫廷礼节。宫廷与骑士阶层在法国早已荡然无存,但骑士风度依旧为广大法国人所看重,骑士风度的核心是男子对妇女的保护和尊重。

在人际交往中,法国人所采用的见面礼节主要有握手礼、拥抱礼、吻面礼。一般而言,法国人所行的吻面礼,使用得最多、最广泛。在行礼的过程中,他们往往要同交往对象彼此在对方的双颊上吻三次,并且讲究亲吻时一定要连连发出声响。其实,他们这样做犹如表演,并非真的要亲在对方的脸上,往往只是弄出"空响"即可,意为表示亲切友好。

法国人的姓名由两部分组成,名字在前,姓氏在后,法国妇女婚前姓父姓,婚后姓夫姓。而今有些法国妇女,有的婚后仍用父姓,有的婚后同时用父姓和夫姓,后一种情况也称为双姓,具体做法是夫姓在前,父姓在后。在签写本人姓名时,法国人习惯将姓写在前,名字写在后,中间用逗号分开。正式称呼法国人姓名时,宜只称呼姓,有的姓与名兼称;家人、同事、朋友、同学之间,宜直呼其名;对于关系极为密切者,则宜直呼爱称。

法国人使用敬称主要有三个特点:一是普遍喜欢使用第二人称,其含意为

"您";二是对官员、贵族、有身份者称"阁下"、"殿下"等;三是对陌生人称"先生"、"小姐"、"夫人"等。"老人家"、"老先生"、"老太太"都是法国人忌讳的称呼。

其二,服饰方面。

法国人对于服饰很讲究。法国在世界上最为有名的是"巴黎式样",严肃与时尚、流行元素兼具。法国人被认为最善于着装打扮,他们的衣着、饰物、发型、化妆等令人无可挑剔。

在正式场合,法国男人通常要穿西装,女人穿套裙或连衣裙。法国人所穿的西装或套裙多为蓝色、灰色或黑色,质地多为纯毛。出席庆典仪式时,法国人一般穿礼服,男士所穿的多为配以蝴蝶结的燕尾服,女士所穿的多为连衣裙式的单色大礼服或小礼服,并且讲究同时戴薄纱手套。有身份的法国人在正式场合露面时,往往不会将同一套服装连穿两次,那样做会有失身份。法国人讲究自己的衣着要尽量保持个性,与众不同,不宜超前或落伍。

法国男士对自己仪表的修饰相当看重,他们中的许多人经常出入美容院。在正式场合亮相时,剃须修面,头发"一丝不苟",身上略洒一些香水,已被法国人看成男士所应具备的基本教养。

其三,饮食方面。

作为举世闻名的世界三大烹饪王国之一,法国人十分讲究饮食,并且人人以美食家自居。他们的看法是,"烹饪是文明的无名先锋"、"一顿晚餐比一首诗的价值更高"。在西餐中,法国菜可以说是最讲究的。

法国人平时爱吃面食,法国面包的种类之多,令人难以计数。在肉食方面,他们爱吃牛肉、猪肉、鸡肉、鹅肝,但不吃肥肉、无鳞鱼、动物内脏。法国的名菜有鸡肝牛排、红酒山鸡、马赛鱼羹、巴黎龙虾等。就口味来讲,法国人做菜有两大特点:一是喜欢肥浓。他们做菜时常用大蒜、丁香、香菜来调味。二是偏爱鲜嫩。法国人做菜,不仅选料要新鲜,而且烹饪也大多半生不熟。另外,法国人大都爱吃奶酪,待客时他们会拿出各式各样的奶酪请客人品尝。

法国所产的白兰地、香槟、红白葡萄酒,在世界范围内可以说无出其右。法国人特别善饮,他们几乎是餐餐有酒,而且讲究吃不同的菜肴要喝不同酒。他们的习惯是:餐前喝开胃酒,吃鱼要喝白葡萄酒,吃肉要喝红葡萄酒,餐后适当喝利口酒或白兰地。对于鸡尾酒,法国人大都不太欣赏。除此之外,法国人平时爱喝咖啡。

法国人用餐时允许两手放在桌上,却不许将两肘放在桌上;在餐中放下餐刀时,他们习惯于将其一半放在碟子上,一半放在餐桌上,这一做法与英国人迥然不同。在法国人的餐桌上,酒水贵于菜肴,而在正式的会议宴会上,则有"交谈重于一切"之说。

（3）礼仪禁忌

法国的国花是鸢尾花，国歌是《马赛曲》。法国的国鸟是公鸡，在法国，公鸡是勇敢、顽强的化身。仙鹤被视为淫荡的化身，孔雀被看作祸鸟，大象被视为笨汉，它们都是不受欢迎的动物。法国人平时对动物看得很重，有人戏言："在法国，妇女比男士受优待，而动物又比妇女受优待。"法国的国石是珍珠。法国人对核桃十分讨厌，认定它代表着不吉祥，对核桃图案他们也深为厌恶。

法国人大都喜爱蓝色、白色、红色，对于粉红色也非常喜欢，他们所忌讳的颜色是黑色和墨绿色。

法国人忌讳的数字和日期是"13"和"星期五"。给法国妇女送花时，虽然应送单数，但应避开"1"、"13"这两个数字。向法国人赠送礼品，宜选具有艺术品位和纪念意义的物品，不宜送刀、剑、餐具或带有明显广告标志的物品，男士给女士送香水也是不合适的。

与人交谈，法国人往往选择一些足以显示其身份、品位的话题，如历史、艺术等。对于恭维美国、英国、德国，贬低法国的国际地位与历史贡献，讨论法国国内经济滑坡、种族纠纷以及科西嘉独立等话题应予以回避。

3. 英国

（1）基本概况

英国的正式名称是大不列颠及北爱尔兰联合王国，有时也被人们简称"联合王国"、"不列颠帝国"、"大英帝国"、"英吉利"或是"英伦三岛"。位于欧洲西部，是由大不列颠岛、爱尔兰岛的东北部及其周围一些小岛所组成的。英国的国土总面积为24.29万平方千米，英国总人口约为5920万，居民主要有英格兰人、威尔士人、苏格兰人和爱尔兰人，此外还有少数的犹太人，其中英格兰人所占的比例最大。

"英国"是中国人对大不列颠及北爱尔兰联合王国的称呼，它出自"英格兰"一词，其本意是"盎格鲁人的土地"，而"盎格鲁"的含义则为"角落"。在国际上，人们很少使用"英国"这一称呼，而大都使用其正式称呼。英国有一个著名的绰号"约翰牛"。过去人们曾将英国称为"日不落帝国"和"世界工厂"。

英国首都是伦敦，主要宗教是基督教，英国的官方语言是英语，在威尔士北部人们使用卡尔特语，而在苏格兰西北高地与北爱尔兰则通用盖尔语。重要节日有圣诞节、愚人节等。

（2）风俗习惯

其一，社交方面。

在待人接物方面，英国人不仅与欧洲其他国家的人大不相同，就是与语言、宗教、文化相仿的美国人、加拿大人、澳大利亚人和新西兰人相比，也有许多明显的不同之处。

英国人为人处世上的特点之一是,他们较为谨慎和保守。对待任何新生事物,英国人往往都会持观望的态度。在外人看来,他们事事都循规蹈矩,不但保守,而且守旧。特点之二是,他们在待人接物上讲究含蓄和距离。英国人性格内向,不善表达,不爱张扬,他们不仅自己如此,而且也乐于看到别人也这么做。特点之三是,他们在人际交往中崇尚宽容和容忍。英国人一般都善解人意,懂得体谅人、关心人、尊重人,他们特别看重的是,既然要讲究个性自由,那么就要宽以待人,对别人的所作所为要善于理解和容忍。特点之四是,他们在正式场合注重礼节和风度。他们极其强调所谓的绅士风度,尤其表现为对妇女的尊重与照顾。英国人的服饰非常得体,举止大方。

在交际活动中,握手礼是英国人使用最多的见面礼节。与他们见面时,在一般情况下英国人既不会像美国人那样随随便便"嗨"上一声作罢,也不会像法国人那样非和对方热烈拥抱、亲吻不可,英国人认为那些做法有失风度。英国人待人十分客气,"请"、"谢谢"、"对不起"、"您好"、"再见"之类的礼貌用语他们天天不离口,即使是家人、夫妻、至交之间,英国人也会经常使用这些礼貌用语。英国人在与别人交谈时,特别是那些上年纪的英国人,喜欢别人称呼其世袭的爵位或荣誉头衔,至少也要郑重其事地称之为"阁下"或是"先生"、"小姐"、"夫人"。需要特别指出的是,由于种种原因,英国各个地区的人都十分重视自己的民族尊严。他们对于"英国人"这一笼统的称呼极为反感,认为这种称呼以偏概全,以"英格兰人"统称全国各民族抹杀了其他民族的个性。因此,与他们进行交往时,一定要具体情况具体对待,将其分别称为"英格兰人"、"苏格兰人"、"威尔士人"、"北爱尔兰人"。

其二,服饰方面。

在穿戴方面,英国人有不少讲究。总的来说,在人际交往中他们十分注重衣着,一旦出门,便会衣冠楚楚。英国人爱以衣帽取人,用英国大文豪莎士比亚的话来讲,这主要是因为"一个人的着装打扮,就是其自身修养的最好说明"。

英国人在交际应酬中的衣着非常注意其"绅士"、"淑女"风范。过去,英国绅士参加社交活动一定要穿燕尾服,头戴高筒礼帽,手持文明棍或雨伞,他们的这身"标准行头"曾经给世人留下很深的印象。直至今日,英国人在正式场合的着装仍然十分庄重而保守,男士一般要穿三件套的深色西装,女士则要穿深色的套裙或素雅的连衣裙,穿庄重、肃穆的黑色礼服往往是英国人的第一选择。

在英国的传统民族服装中,苏格兰男子所穿的"基尔特"最为著名,它实际上是一条由腰至膝的花格短裙,穿的时候还要配上很宽的腰带,并在裙前系上一小块椭圆形的垂巾。在苏格兰,每逢喜庆聚会之时,男士都要穿上"基尔特",以寄托自己强烈的民族感情。

英国人正式场合的着装大致有以下四条禁忌:忌打条形领带;忌不系长袖衬衫

的扣子;忌在正式场合穿凉鞋;忌以浅色皮鞋配西服套装。

英国男子讲究天天刮脸。"当我年轻时我每天刮两次脸"是英国的俗语。在英国,留胡须者往往会令人反感。

其三,饮食方面。

英国人的饮食特点可以用"轻食重饮"来形容。说英国人"轻食",主要是指英国人在菜肴上没有多大特色,日常饮食基本上没有太大的变化,除了面包、火腿、牛肉之外,英国人平时常吃的也就是土豆、炸鱼和煮菜了。在英国,"烤牛肉加约克郡布丁"被称为国菜,它是用牛腰肉、土豆加鸡蛋、牛奶、面粉放在烤箱内一起烤制而成的,在上桌时还需要另配一些单煮的青菜。英国人的饮食禁忌主要是不吃狗肉,不吃过咸、过辣或带黏汁的菜肴。

在评论欧洲主要国家的菜肴特点时,有人曾这样概括:德国人"考虑着营养吃",法国人是"夸奖着厨师的手艺吃",意大利人是"痛痛快快地吃",而英国人则是"注意着礼节吃"。这一评价也在客观上反映了英国菜肴无特点的特点。

有别于"轻食"的是,英国人在日常生活中非常"重饮",英国名气最大的饮料当推红茶与威士忌。与绝大多数欧美人不同的是,绝大多数英国人嗜茶如命。英国人所喝的茶是红茶,在饮茶时,他们首先要在茶杯里倒入一些牛奶后冲茶加糖。他们不仅早上醒来先要躺在床上喝上一杯"被窝茶",就是在上班时间,也要专门挤出时间来去"茶休",即去喝"下午茶"。在英国,"下午茶"既是午餐与晚餐之间的一顿小吃,也是以茶会友的一种社交方式。

英国人除以威士忌佐餐外,还喜欢净饮。英国人饮酒,很少自斟自饮,他们的习惯是去酒吧,因此,英国的酒吧比比皆是,并且成为英国人社交的主要场所之一。

(3)礼仪禁忌

英国的国花是玫瑰,国歌为《神佑女王》。英国人大都喜欢玫瑰、月季、蔷薇,但对于被视为死亡象征的百合、菊花,英国人却十分忌讳。英国的国石是钻石。英国的国鸟是知更鸟,被视为"上帝之鸟"。孔雀和猫头鹰在英国则名声不佳。英国人还十分宠爱动物,猫、狗都是他们的最爱,但对于黑猫,他们却十分反感。

在色彩方面,英国人偏爱蓝色、红色与白色,它们是英国国旗的主要颜色,英国人所反感的颜色主要是墨绿色。

英国人所忌讳的数字和日期是"13"和"星期五"。与英国人打交道时,需要了解英国人的以下五条禁忌:一是忌讳当众打喷嚏;二是忌讳同一根火柴连续点三支香烟;三是忌讳把鞋子放在桌子上;四是忌讳在屋子里撑伞;五是忌讳从梯子下面走过。

在人际交往中,英国人不喜欢接受贵重礼物,涉及私生活的服饰、香水以及带有公司标志的广告物品,亦不宜送给英国人。鲜花、威士忌、巧克力、工艺品以及音乐会票,则是向英国人馈赠礼物的适当之选。

与英国人交谈时,切勿涉及女王、王室、教会以及英国各地区之间的矛盾,特别是不要对女王和北爱尔兰独立的问题说三道四。

4. 美国

(1)基本概况

美国的正式名称是美利坚合众国,美国领土由其本土、位于北美洲西北部的阿拉斯加半岛和位于太平洋中部的夏威夷群岛三个部分组成。美国的总面积为937.26万平方千米,全国总人口约2.73亿,其中白人约占84.19%,黑人约占12.4%,此外还有少数土著居民以及亚洲人、南美洲人。在美国生活的华人大约有100万。美国的首都是华盛顿,官方语言是英语。

美国作为国家的名称,来自它所在的美洲洲名。在英语里作为国名的"美利坚"与作为洲名的"亚美利加"是一个相同的词。在中文里,人们习惯用前者代表美国,而以后者泛指美洲。美国的绰号是"山姆大叔",这也是一个象征。"世界霸主"、"超级大国"、"国际警察"、"金元帝国"、"电影王国"、"钢铁王国"、"轮子上的国家"等,都是世人对美国常用的称谓。

美国的主要宗教是基督教和天主教。1776年7月4日是美国发表《独立宣言》的日子,该《宣言》正式宣布美国脱离英国而独立,成立美利坚合众国。之后美国将每年的7月4日定为国庆日。其他主要节日有感恩节、母亲节、父亲节等。

(2)风俗习惯

其一,社交方面。

美国人在待人接物方面有四个主要特点:第一,随和友善,容易接近。美国人为人诚挚,乐观大方,天性浪漫,好交朋友。第二,热情开朗,不拘小节。在日常生活中,美国人主张凡事讲究实效,不搞形式主义。美国人的见面礼节,可能是世界上最简单的了,一般只是点头、微笑或向对方"嗨"上一声作罢。不是特别正式的场合,美国人甚至连国际上最通行的握手礼也略去不用了。在称呼别人时,美国人极少使用全称,他们更喜欢直呼其名以示双方关系亲密。第三,城府不深,喜欢幽默。一般美国人,大都比较朴实、直率。在待人接物中,他们喜欢在符合礼仪的前提下直来直去。第四,自尊心强,好胜心重。美国人一般而言都有很强的好胜心,他们喜欢见异思迁,崇尚开拓,在人际交往中大都显得雄心勃勃,做起事情来也会无所顾忌。

在美国孩子一旦长大成人,就要自立门户,自己去闯天下,与父母划清经济账。听凭父母做主,处处依赖父母的青年人会被人们瞧不起。在美国,即使是父子、朋友外出就餐,往往也会各自付账。在人际交往中,美国人是不时兴向别人借钱的,他们认为,借钱应该去银行,找个人借钱就是索要的意思。在美国人的一生中,不搬上几次家,不换上几回工作,往往是不可思议的。

其二,服饰方面。

崇尚自然,偏爱宽松,讲究个性,是美国人穿着打扮的基本特征。在日常生活中,美国人大多宽衣大裤,素面朝天,爱穿 T 恤、牛仔裤、运动装以及其他风格的休闲装。要想依照日常着装来判断美国人的实际地位和身份,往往是难以办到的。

美国人认为,一个人的着装,必须因其所处的具体场合或是所扮演的具体角色而定。在美国人看来,一个人穿着西装、打着领带去逛公园、游迪斯尼与穿夹克、T 恤、短裤去赴宴或出席音乐会一样,都是极不得体的。美国人虽在着装方面较为随便,但与美国人交往时,还是应注意下列事项:第一,美国人非常注意服装的整洁。在一般情况下,他们的衬衣、袜子、领带必须每天一换。穿肮脏、褶皱、有异味衣服的人,美国人是看不起的。第二,拜访美国人时,进了门一定要脱下帽子和外套。第三,美国人十分重视着装细节。在美国人看来,穿深色西装套裙时穿白色袜子或让袜口露出自己的裙摆之外,都是缺乏基本的着装常识。第四,在美国,女士最好不要穿黑色皮裙,最好不要随便在男士面前脱下自己的鞋子。第五,美国人认为,出入公共场所时浓妆艳抹或是在大庭广众之下化妆、补妆,都是缺乏教养的表现。第六,在室内依旧戴墨镜的人,往往会被美国人视为"见不得阳光的人"。

其三,饮食方面。

美国人的饮食习惯,一般可以说是因地区而异,因民族而异。就总体而言,其共同特征是:喜食"生"、"冷"、"淡"的食物,不刻意讲究形式与排场,强调营养搭配。在一般情况下,美国人以肉食为主,牛肉是他们的最爱,鸡肉、鱼肉也受美国人欢迎。但美国人不吃狗肉、猫肉、蛇肉、鸽肉,动物的头、爪及内脏也不在选择范围内。生蒜、韭菜、皮蛋,他们也不爱吃。受快节奏的社会生活影响,美国人的饮食日趋简便与快捷,因此,快餐在美国得以大行其道,热狗、炸鸡、土豆片、三明治、汉堡包、比萨饼、冰淇淋等,在美国可谓老少皆宜,成为美国人餐桌上的主角。美国人爱喝的饮料有矿泉水、红茶、咖啡、可乐与葡萄酒,新鲜的牛奶、果汁也是他们天天必饮之品。

用餐的时候,美国人一般以刀叉取用。在切割菜肴时,他们习惯先用左手执叉,右手执刀,切割完毕,放下餐刀,将餐叉换至右手,右手执叉而食。美国人用餐的忌讳是:第一,进餐时发出声响;第二,替他人取菜;第三,吸烟;第四,向别人劝酒;第五,当众宽衣解带;第六,议论令人作呕的事情。

(3)礼仪禁忌

美国人对山楂花与玫瑰花非常偏爱。在美国,对于国花有两种说法,一说国花是山楂花,另一说国花是玫瑰花。另外还流行一种折中的说法,以玫瑰为国花,以山楂为国树。美国的国歌为《星条旗之歌》。美国人普遍爱狗,认为狗是人类最忠实的朋友,对于那些自称爱吃狗肉的人美国人是非常厌恶的。在美国人眼里,驴代表坚强、稳重,象和驴分别是共和党和民主党的标志。

白头雕,亦名白头鹰或秃鹫,是美国人最珍爱的飞禽,它不仅成为美国国徽上的主体图案,而且被选定为美国的国鸟。美国的国石是蓝宝石,美国人最喜欢的色彩是白色,由此不难理解为何白猫成为美国人喜爱的宠物了。由于黑色在美国主要用于丧葬活动,因而美国人对它十分忌讳。美国人最讨厌的数字是"13"和"3",不喜欢的日期是"星期五"。

跟美国人相处时,要注意肢体语言的运用。他们一般忌讳盯视他人、冲别人伸舌头、用食指指点他人等肢体语言。另外与之保持适当的距离也是必要的。美国人认为,个人空间不容侵犯,因此在美国无意间碰到别人要及时道歉,坐在他人身边要征得对方同意,谈话切勿距离对方过近。

在美国切勿随意打骂、训斥孩子,不注意这一点,搞不好会吃官司。标榜个性独立的美国人最忌讳他人打探隐私,询问他人收入、年龄、婚恋、健康情况、籍贯、地址、种族等,这些都是不礼貌的。

由于美国人认定"胖人穷"、"富人瘦",因而听不得别人说自己长胖了。与美国黑人打交道要少提"黑"这个字,也不能打听对方的祖居之地。与美国人聊天时,要是谈及政党之争、投票意向与计划生育,肯定会导致话不投机的结果。

5. 日本

(1) 基本概况

日本的正式名称是日本国,它是位于亚洲东部、太平洋西侧的一个群岛国家,全境由本州、北海道、九州、四国四个大岛和许多小岛组成。日本全国总面积为37.78万平方千米,总人口约1.27亿,由大和族人、阿伊努族人、朝鲜人和华人组成。大和族是日本的主体民族。日本国名的含义是"太阳升起的地方",即"日出之国"。由于日本盛产樱花,故有"樱花之国"的称谓。

日本的首都是东京。日本的主要宗教是神道教和佛教。神道教是日本固有的宗教,它所崇拜的是象征着太阳的"天照大神",大部分居民都信奉该教。神道教在日本人的日常生活中,尤其是在礼仪习俗方面影响甚大。日本的国语是日语。

日本的国庆日是12月23日。其他重要节日有元旦、成人节、樱花节等。

中日两国历史上交往频繁,日本至今还保留着一些中国唐代的礼仪和风俗,目前是中国最大的贸易伙伴和旅游客源国之一。

(2) 风俗习惯

其一,社交方面。

在人际交往中,日本人通常都是以鞠躬作为见面礼节。在行鞠躬礼时,不但讲究行礼者毕恭毕敬,而且在鞠躬的度数、鞠躬时间的长短、鞠躬的次数等方面还有特别的讲究。日本人规定,在行鞠躬礼时手中不能拿东西,头上不得戴帽子。有的时候,日本人也会与他人行握手礼,不过一般情况下,日本妇女,尤其是日本乡村妇女,与别人见面时只鞠躬不握手。但不管是行哪种见面礼节,都讲究态度谦恭。在日本民间,尤其是乡村,人们在送别亲友时往往还会向对方行跪礼或摇屐礼。跪礼即屈膝下跪,它是妇女所行的礼节;摇屐礼,即手持木屐在空中摇动,则是男子所行的礼节。日本人与他人初次见面时,通常要互换名片,否则即被理解为不愿意与对方交往。因此,有人将日本人的见面礼节归纳为"鞠躬成自然,见面递名片"。在一般情况下,日本人外出时身上往往会带上好几种印有自己不同头衔的名片,以便在交换时可以因人而异。

日本人在人际交往中对清洁十分重视,对他们来讲,每天非得洗澡不可。不仅如此,日本人还有与情人一起去洗澡的习惯,用他们的话来讲,这叫作"相交"。他们认为,这一做法可以使人减少束缚,坦诚相见。

日本人名字的组合顺序与中国人姓名的组合顺序一样,都是姓在前,名在后,不过日本人的姓名字数不固定,以四字的最为多见。书写时,姓和名中间空一格。日本妇女婚前姓父姓,婚后改为夫姓。称呼日本人时,可称之为"小姐"、"夫人",也可以在姓氏之后加"君"字,将其尊称"××君"。在很正式的场合称呼日本人时,才必须使用全名。

在交际场合,日本人的信条是"不给别人添麻烦",因此,他们忌讳高声谈笑,但在外人面前,他们大都满脸笑容,而不论自己是否开心,日本人认为这是做人的一种礼貌。

其二,服饰方面。

日本人在交际应酬中对穿衣打扮十分在意,在商务交往、政务活动以及对外的场合,日本人通常穿西式服装,而在民间交往中,他们有时也会穿着自己的国服。

日本人的国服名为和服,它是大和民族的一种传统服装。和服的最大特点在于它是由一整块布料缝制而成,并且没有什么线条,它领口很大,袖子和腰带很宽。穿和服的时候,一般都要脚穿木屐或草屐,并且配以布袜。日本女子穿和服时,通常还必须腰系彩带,腰后加一个小软托,并且手中打伞,这样才能产生一种特殊的和谐美。由于日本过去等级森严,和服的色彩、图案、样式、面料乃至着装方法,无一不与着装者的地位、身份相关,因而人们着装时一点也马虎不得。而今,随着社会的进步,人们对此已不甚讲究了。

与日本人打交道时,衣着上有四点必须予以注意:第一,日本人认为衣着不整是缺乏教养和不尊重交往对象的表现,所以与日本人见面时,一般不宜过分随便,特别是不要光脚或穿背心、短裤与人见面;第二,到日本人家做客,进门时要脱下大衣、风衣和鞋子;第三,拜访日本人时,切勿未经主人同意便把外衣乱放乱挂;第四,参加庆典或仪式时,不论天气多么热,都要穿着套装/套裙,单穿衬衫、短袖上衣或是将长袖衬衫袖口卷起来都会被日本人视为失礼。

其三,饮食方面。

在饮食方面,日本人可以说是自成一体,世人一般称之为和食。和食的主要特色,曾经有人归纳为五味、五色与五法。所谓五味,是指在日本不同的季节饮食的口味往往有不同的侧重,通常讲究的是春苦、夏酸、秋滋、冬甜,此外,日本人还好食涩味。所谓五色,是指和食注重外形,讲究色彩搭配令人赏心悦目,并且在不同的季节也有不同的侧重,一般的要求是绿春、朱夏、白秋、玄冬,再就是黄色的广泛运用。所谓五法,则是指和食的烹饪方法主要有蒸、烧、煮、炸、生等五种。具体而言,和食以大米为主,多用海鲜、蔬菜,讲究清淡与味鲜,忌讳油腻。典型的和食有寿司、拉面、刺身、天妇罗、铁板烧、煮物、蒸物、酱汤等,此外还有饭团与便当,其中尤以刺身,即生鱼片最为著名。

日本人的饮食忌讳不是很多,他们主要是不吃肥猪肉和内脏,也有一些不喜欢吃羊肉和鸭肉的。

日本人非常爱喝酒,西洋酒、中国酒、日本清酒统统为他们所爱。有些日本男子下班后先到酒馆大喝一通,几乎成了"例行公事"。在日本,斟酒讲究满杯,多喝几杯,甚至喝得酩酊大醉,人们也会见多不怪,不以为奇。

在日本,人们普遍爱好饮茶,久而久之形成了讲究"和、敬、清、寂"四规的茶道。茶道具有参禅的意味,重在陶冶人们的情操。它不仅要求环境幽雅自然,而且有一整套点茶、泡茶、献茶、饮茶的具体方法。日本人种茶、饮茶之方,以及饮茶的风俗还是从中国传入的,当时他们把茶作为贵重饮料饮用,所以,茶道实际上也是中日两国文化交流的结果。

日本人在用餐时要摆上一张矮桌,然后男子盘腿而坐,女子则跪坐而食。

日本人吃饭是用筷子的,但他们所用的筷子不是平头的而是尖头的。在用筷子时,日本人有"忌筷"之说。所谓"忌筷"即忌迷筷、忌移筷、忌插筷、忌扭筷、忌掏筷、忌跨模、忌别筷。除此之外,日本人还忌讳用一副筷子让大家依次夹取东西。

日本人在宴客时,大都忌讳将饭盛得过满,并且不允许一勺盛一碗饭。作为客人,不能仅吃一碗饭,否则,被视为宾主无缘。

(3)礼仪禁忌

晶莹剔透的水晶是日本的国石。日本人很喜欢猕猴和绿雉,并且分别将其确定为国宝和国鸟。同时他们对鹤和乌龟也好评如潮,认为二者是长寿和吉祥的代表。日本人对金色的猫以及狐狸和獾极为反感,认为它们是"晦气"、"贪婪"、"狡诈"的化身。

日本人很爱给人送小礼物,但下列物品不包括在内:梳子、圆珠笔、T恤衫、火柴、广告帽。在包装礼品时,不要扎蝴蝶结。日本人注重公德,尊老爱幼,对于公共场所内禁烟,能够自觉遵守,所以日本人都不乐意让别人给自己敬烟,即使是吸烟者也是如此,同时,他们也不会给别人敬烟。日本人用右手的拇指与食指合成一个圆圈时,表示"钱",而英美人做这种手势表示"OK"。在日本,邮票不能倒贴,因为这是绝交的表示。

一般而言,日本人都喜爱白色和黄色;他们讨厌的色彩主要是绿色和紫色,因为绿色和紫色在日本都有不祥与悲哀的意味。

日本人喜欢"7"这一数字,对"4"和"9"却视为不吉利。因为"4"的发音与"死"接近,而"9"的发音则与"苦"相近。

三人并排合影时,日本人谁都不愿意站在中间,他们认定,被人夹着是不祥的预兆。

6. 韩国

(1) 基本概况

韩国位于亚洲东北部,与我国山东半岛隔海相望。韩国国土面积99 237平方千米。人口5100多万,民族主要是朝鲜族,信奉佛教和基督教。首都首尔,主要城市有釜山、仁川等。经济发达,曾是亚洲"四小龙"之一。通用朝鲜语,国歌为《爱国歌》,货币为韩元。1992年8月24日韩国与中国建交。

(2) 礼貌礼节

韩国人勤劳勇敢,民族自尊心强,讲究礼貌,能歌善舞。见面时,一般以咖啡、不含酒精的饮料或大麦茶招待客人,客人不能拒绝。晚辈见长辈,下级对上级规矩很严格:握手时,应以左手轻置于右手手腕处,躬身相握,以示恭敬;与长辈同坐,挺胸端坐,若想抽烟,需征得长辈同意;用餐时,不可先于长辈动筷。

韩国人见面时互相通报姓氏,并与"先生"等敬称联用。韩国人举行业务洽谈,习惯在饭店的咖啡室或附近类似的地方。

韩国人一般不轻易流露自己的感情,在公共场所不大声说话,妇女发出笑声时要用手帕捂住嘴,以免失礼。在韩国,女性对男性十分尊重,双方见面时,女子先向男子行鞠躬礼,致意问候。男女同坐时,男子位于上座。多人相聚时,往往根据身份高低和年龄大小依次排座。

应邀去韩国人家中做客,不可空手前往。按习惯要带一束鲜花或一份小礼物,并双手奉上。进入室内时,要将鞋子脱下留在门口,这是不可忽视的礼仪。

(3) 礼仪禁忌

韩国人对"4"字非常反感,许多楼房的编号严忌"4",军队、医院等绝不用"4"编号。在饮茶或饮酒时,主人总是以单数来敬茶、敬酒、布菜。

称呼其国家和民族时,不要称"南朝鲜"、"南韩"和"朝鲜人",而宜称"韩国"、

"韩国人"等。

7. 新加坡

(1) 基本概况

新加坡的正式名称是新加坡共和国,它位于东南亚马来半岛的南端,是一个由50多个大小岛屿组成的岛国。新加坡国土面积为647平方千米,全国总人口约389万,华人所占比例最高。它是世界上另一个,也是除中国外唯一一个以华人为主的国家。除华人之外,新加坡国人口较多的还有马来人和印度人。新加坡政府实行各民族一律平等的政策,同时又给予马来人某些特殊优待。

新加坡是一个集国家、首都、城市、岛屿为一体的城市型岛国。由于它一年四季鲜花盛开、清洁美丽,故有"花园之国"的美称。"新加坡"在马来语里的意思是"狮子",所以新加坡又有"狮城"之称。在海外华人中,它多被称为"星加坡"、"星岛"、"星洲"。

在新加坡,马来语被定为国语。马来语、英语、华语和泰米尔语为新加坡四种官方语言。

新加坡的国庆日是8月9日。其他主要节日有春节、宰牲节等。

(2) 风俗习惯

其一,社交方面。

在社交场合,新加坡人所行的见面礼节为握手礼。由于新加坡政府注重保护各民族的传统,因而新加坡的礼仪与习俗呈现出了多元化的特点,所以跟新加坡人打交道时,一定要牢记"遇人要问俗"。

在待人接物方面,新加坡人特别强调笑脸迎客,彬彬有礼。对新加坡人而言,在人际交往中讲究礼貌,以礼待人,不但是每个人应具备的基本修养,而且已经成为国家和社会对每个公民所提出的一项必须遵守的基本行为准则。

在开国之初,政府就注重"礼治",立志要将新加坡建成一个礼仪之邦,政府专门编制了《礼貌手册》,对于人们在各种不同场合的礼仪,都作出了明确的规定和指导。"人人讲礼貌,生活更美好,真诚微笑,处世之道"的宣传语,在新加坡家喻户晓,深入人心。

其二,服饰方面。

新加坡人的国服,是一种以胡姬花为图案的服装,在国家庆典和其他一些隆重的场合,新加坡人经常穿着自己的国服。

在政务活动和商务交往中,新加坡人的着装讲究郑重其事。男子一般要穿白色长袖衬衫和深色西裤,并打领带;女子则需穿套装或深色长裙。在对外交往中,新加坡人大多按国际惯例,男人穿深色西服,女人穿套裙。

在日常生活中,不同民族的新加坡人着装打扮往往各具民族特色。华人日常着装多为长衫、长裤、连衣裙或旗袍;马来人爱穿"巴汝"、纱笼;锡克人则男子缠头,女子身披纱丽。在许多公共场所,着装过分随便者,比如穿牛仔裤、运动裤、沙滩装、低胸装、露背装的人往往不受欢迎。

其三,饮食方面。

由于新加坡人多为华人,而且绝大多数祖籍为广东、福建、海南和上海等地,因此,他们在饮食习惯上与其他"龙的传人"可以说是大同小异。中餐是新加坡人的最佳选择,口味上喜欢清淡,偏爱甜味,讲究营养,平日爱吃米饭和生猛海鲜,对于面食不太喜欢。粤菜、闽菜、上海菜都很受欢迎。

在设宴款待新加坡人时,务必在安排菜单方面注意民族的禁忌。不同的民族有不同的忌讳,如:马来人忌猪肉、狗肉、自死之物和动物血,不吃贝类,不饮酒;印度人则不吃牛肉。在用餐时,不论马来人还是印度人,都不用刀叉、筷子,而习惯用右手直接抓取食物,但他们忌用左手取食物,对别人的这种做法,他们也难以容忍。

在一般情况下,新加坡人,特别是新加坡华人,大都喜欢饮茶。当客人到来时,新加坡人通常都会以茶相待。每逢春节来临之际,新加坡人还会经常在清茶中加入橄榄饮用,并且称之为"元宝茶"。他们认为,喝这种茶可以令人财运亨通。平时新加坡华人还有经常饮用用中草药炮制而成的滋补酒的嗜好,如鹿茸酒、人参酒等。

(3)礼仪禁忌

新加坡的国花是"卓锦·万代兰",它是兰花的一种,又名胡姬花。据说,这种花瓣四裂的兰花,象征新加坡四大民族和四种语言的平等。对于各种鲜花,尤其是本国的国花,新加坡人酷爱无比。受华人传统文化的影响,新加坡人在人际交往中崇尚清爽卫生,对于蓬头垢面、衣冠不整、胡子不洁的人,新加坡人都会侧目而视。

在色彩方面,绝大多数的新加坡人喜欢红色和白色。他们认为艳丽夺目的红色是庄严、热烈、喜庆、幸福的象征,而白色是纯洁与美德的象征。新加坡国旗,就是由红色和白色两种色彩构成的。

新加坡人对"4"、"7"两个数字没有好感。在新加坡人看来,"3"表示"升","6"表示"顺","8"表示"发","9"表示"久",都是吉祥的意思。在日常生活中,新加坡人对传统民俗非常讲究,吉祥字、吉祥画在他们的生活中随处可见。

与新加坡人攀谈,不仅不能口吐脏字,还要尽量多地使用谦语和敬语,不要不给对方面子。另外,新加坡华人乡土观念极强,要是能用家乡话与他们交谈,则必会受到欢迎。与此同时,对于话题的选择务必加以注意。最受新加坡人青睐的话题主要是运动、旅游、传统文化以及有关经济建设方面的成就,对于新加坡国内的政治、宗教、民族问题以及新加坡与邻国的关系问题,最好不要涉及。还有一点很特别,那就是新加坡人对"恭喜发财"这句语极为反感,他们认为这句话是教唆别人去发不义之财,有损人利己的意思。在商业活动中,宗教词语和如来佛的图像也被禁用。

在新加坡,人们普遍讲究社会公德,可以说有法可依,有法必依,执法必严,违法必究。

【能力检测】

1. 根据所学内容,以及自己日常所了解的国内各民族风俗禁忌,开展宣讲比赛。

2. 日本人、韩国人、新加坡人、泰国人大多信奉佛教;英国人绝大多数信奉基督教;法国人、意大利人绝大多数信奉天主教;俄罗斯人主要信奉东正教;印度人、巴基斯坦人信奉伊斯兰教。请利用网络查找关于佛教、基督教、天主教、伊斯兰教等宗教的宗教礼仪及禁忌,拓宽自己的知识面。

项目四　会务服务其他相关技能

【学习总目标】
- 认识常见的音响、视频设备
- 掌握会议接待服务中的清洁卫生工作
- 掌握消防安全的常识

【学习分目标】
- 了解会议用音频设备的基本常识
- 了解会议用视频设备的基本常识
- 熟悉会议服务中的清洁卫生要求
- 熟悉会场区域的安全常识
- 了解会议服务中突发事件的处理程序
- 掌握会议服务中投诉处理的原则

【学习情境】

公司销售部经理小高正在酒店会议室向总经理汇报年度销售业绩。为了使数据、图表更加直观,他使用投影仪展示,总经理看得相当投入,频频点头。正当小高讲解到关键问题时,投影仪突然无故自动关机,小高只得停下讲解,检查投影仪。一阵忙乱后虽然汇报得以继续,可是小高的思路被打断了,汇报起来已不如先前连贯,直接影响了汇报效果。怎样才不至于出现投影仪无故关机的问题导致尴尬局面呢?

【学习任务】

各种类型的会议都需要使用视听设备,尤其是国际会议,对视听设备方面的要求更是严格,对音响、麦克风、放映机、银幕等都有一定的质量要求,因为视听效果直接影响到会议的成败。

一、常见的音响、视频设备

(一)音响系统

音响系统的布局是否合理,设备安装是否完整,直接影响会议的举办效果。让我们先来了解一下音频设备都有哪些。

1. 音响系统的组成

(1)音源。它的主要作用是把声音完全准确地表现出来。分为两种形式:第一种是外置式,它不受声卡的制约,声音的质量能很好地保存下来,但是成本很高;第二种是内置式,也称音源。没有音源,用音响系统还原声音也就无从谈起。

(2)音箱。是将音频信号变换为声音的一种设备。通俗地讲,就是音箱主机箱体或低音炮箱体内自带功率放大器,对音频信号进行放大处理后由音箱本身回放出声音。

(3)功率放大器。是将音频电压信号转化成音频信号并驱动扬声器发声的一种设备。功率放大器在扩声中作用重大,如果没有功率放大器,扬声器就不能放声,也就无扩声可言。

(4)调音台。又称调音控制台,它将多路输入信号放大、混合、分配并作音质修饰和音响效果加工,是现代电台广播、舞台扩音、音响节目制作等系统中播送和录制节目的重要设备。

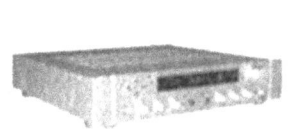
功率放大器

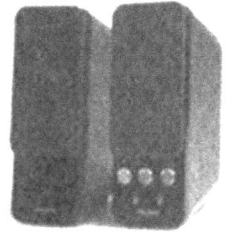
音　箱

调音台

2. 辅助音响系统

(1)微型麦克风。微型麦克风可方便使用者四处走动。

(2)手持麦克风。是一种传统扩音器,使用者必须将嘴巴靠近话筒发声。

(3)讲座式麦克风。使用讲座式麦克风,讲话时不能离开讲桌,行动受一定限制。

(4)落地麦克风。麦克风放置在有伸缩功能的金属架上,引线长,使用者可小范围走动。

(5)手持型无线麦克风。容易受干扰,因此事先要试验其音效,排除干扰源。

3. 音频设备的使用

音响系统的连接:音源—调音台—压限器—均衡器—功放—音箱。

扩音和调音的操作方法如下:

(1)开机前,将调音台上的推子拉到最小处。

(2)按信号流动的方向依次打开电源。特别注意最后才能接通功放电源,因为功放电源流量极大,先开的话会使音浪电流在音箱中形成"扑通"声,严重时将会损坏音箱。关机的顺序恰好相反。

(3)略等片刻,等功率放大器的延时保护指示灯停止闪动后,再放音乐并缓慢推动音量电位器,调节至合适位置。

(4)逐级检查设备的输入电瓶是否适当。

(二)会议视频系统

(1)投影屏幕。可连接电视、录像机、摄像机、电脑。适合大型会议,可使距离远的与会者看得清楚,还能同步播放现场会议。

(2)投影仪。是指用精确的放大倍率将物体放大投影在投影屏上测定物体形状、尺寸的仪器。是电视机的特例,可将画面扩大多倍。屏幕大小取决于房间空间。安放投影仪的角度、位置以使演讲人的头不离开麦克风就能看到投影屏幕为准。(投影屏幕底部与地面距离不少于1.22米。)

(3)影碟机。取代录像机,播放光盘用,体积小,操作方便,适用于小型会议或者人数较少的场合。一般每25~50人配置一台电视,配置数量依据电视屏幕大小而定。

(4)电子书写白板与激光笔。电子书写白板与激光笔改变了传统白板书只能写一页擦一页的缺点,借助电脑控制,按动电钮来回翻动,让每个参会者都能在各种应用程序中用指示笔或手指进行书写和评注并保存,吸引每位参会者的注意力。也可在演示中加入互动游戏环节,现场提问,并让参与者在白板上写出或点击正确答案。激光笔起到指引与会者目光的作用,可在距离电子书写白板100米远的范围内使用,移动范围大,操作灵活。

小贴士

如何设置一个视频会议室

视频会议室的设计至关重要,不仅要美观,还要考虑到声音和图像效果。以下是设计一间一流视频会议厅的一些做法:

(1)安装一至三个摄像机(一个是主要的,一个是辅助的,一个备用)。把主要的摄像机放在监控器上方、观察者视线上方15度角的方向,以保证与会者有良好的视觉接触。将投影幕和监视器放置在远离灯光和窗户的地方。

(2)为了把参与者脸部影子减到最小,将荧光灯转到45°,强度至少达到740LUX,就可获得最好的照明效果。如果房间有窗户,要预先准备变暗系统或者窗帘,避免由自然光线改变而带来的影响。

(3)座椅应舒适,没有轮子;桌子应为不透光的,呈矩形或不规则四边形;在背景墙上挂上公司商标或显示当地时间的钟表,这有利于辨认背景。

(4)将主要的麦克风安装在距离视频会议系统三四米远的地方。一个标准的

麦克风只可供四五位参会者使用。扬声器应该放在不会与麦克风产生干扰的地方。

（5）面对视频摄像机的墙应尽量减少窗和门，人员也要减少通过，不要使用彩色墙纸。墙面的颜色应避免使用红色，避免使用会产生视频图像、反射光及闪动的图案，避免黑色和闪亮的白色。用于背景墙的最好的颜色是天蓝色或青蓝色，其他不反光的颜色如白灰色、米色、淡灰或淡蓝也可以考虑。

（6）家具宜用浅色调，不可太鲜艳，外表应不透光，要避免光亮或者水晶的外表，这会对声音及灯光产生反射。

二、会务接待服务中的清洁卫生

1. 各类器皿的洗涤和消毒

（1）瓷器

一般大型宾馆和饭店采用蒸汽洗碗机洗涤消毒餐具。使用它清洗一些难洗的瓷器，可在洗碗机里放入超高效浓缩机用餐具清洁剂，如"佳力霸"。这些清洗剂的特点是：适于在水硬度极高和污垢量很大的条件下清除餐具上顽固的食物污垢和各种油脂，效果甚佳。

另外，小批量瓷器可用高锰酸钾或漂白粉浸泡消毒，消毒时要根据瓷器的数量来计算用药量。尤其是漂白粉，因其药性不稳定，最好是现用现配，也可用洗涤灵进行洗涤消毒。

（2）玻璃器皿

玻璃器皿在饭店使用较广，品种繁多，包括各色各样的玻璃酒杯、水杯、漱口杯和烟灰缸等，品种与规格不下几十种，要求经常检查，妥善保养。一般水杯、酒杯用过后都要用洗涤剂洗刷然后用专用消毒布揩干水渍，保持杯子透明光亮。也可用洗涤灵洗刷，清水过净，还可用蒸汽消毒。

（3）不锈钢器

不锈钢器皿的洗涤消毒方法一般有两种：使用漂白粉或新消净。漂白粉为高效消毒药品，加水以后，产生次氯酸，它能破坏维持生命活动的酶，而产生杀菌作用。浓度在1%~5%，就可杀灭细菌繁殖体、病毒、芽孢、真菌孢子。新消净也是一种高效消毒药物，对细菌繁殖体、病毒、芽孢、真菌孢子均有良好杀灭作用。只要1%的浓度，数分钟即可把叉缝间的杂物（蛋黄、汤汁等）洗掉，然后再进行消毒、洗净、擦干。

（4）银器

银餐具有大小刀叉、大小银盘和不同类型的壶盅及羹匙等几十种。各式银器，必须细心洗擦,精心保养,妥善保管。

银餐具用过后,不仅要洗干净,而且要擦干擦亮,尤其接触蛋类的银器更要倍加擦洗,因为蛋白碰到银器会起化学反应,产生黄色的蛋白银。

擦银器最好用银粉。擦洗方法是将银器浸水后,用刷子或揩布沾上银粉,擦去银器上的黄污渍,待晾干后,用干布用力擦亮,然后用开水泡洗消毒,再用干净消毒的揩布揩干。无银粉时也可用去污粉或牙粉代替,但使用这两种粉末擦的银器,不如银粉擦得亮。

2. 餐具消毒的常见方法(见下表)

餐具消毒的常见方法

消毒方法	具体操作
煮沸消毒法	先将餐、酒具用温水洗净,然后放入开水中,煮沸15~30分钟,把消毒后的餐、酒具放在清洁的碗柜里保存备用
蒸汽消毒法	先将餐、酒具冲洗干净,然后放在密封的蒸锅中,蒸15~30分钟后取出
高锰酸钾消毒法	将高锰酸钾和水以1:1000的比例调配,将餐、酒具放置其中约5~10分钟,然后冲洗干净。用于水果消毒,只需3分钟。此法只限于消毒器皿和不耐热的餐具及部分水果
漂白粉消毒法	将漂白粉和水以1:2000的比例调配,把冲洗过的餐、酒具浸泡在溶液中,5~10分钟后用水冲去漂白粉的味道即可
红外线消毒法	这是目前最常见的一种餐具消毒方法,要求箱内温度达到120摄氏度时,再持续30分钟。餐具可存放在柜内
"84"消毒法	"84"是目前使用方便、消毒效果最佳的消毒液,已普遍应用,使用方法为:消毒餐、茶、酒具或瓜果蔬菜时,先去残渣,洗刷后在配置好的药液中浸泡5分钟,再用清水洗净。调配"84"和水按照1:200的比例

3. 厅室、走道等清洁卫生

(1)厅室卫生

厅室清洁卫生程度直接影响宾客的身体健康。因此,对厅室的卫生管理有较高的要求。日常卫生要求每天打扫一至两次,有活动随时整理,卫生检查每周进行一次。

每天早晨由早班服务员拉开窗帘,打开窗户,进行自然通风,保持室内空气流通。如空气不好(刮大风或下雨),可开门通风,时间可稍长一些,或进行机械通风。搞卫生前,备齐所有卫生工具。操作时,先用抹布擦台、墙边、沙发的木质扶手或腿,接着擦净地面,用吸尘器吸净地毯,再用专门的保洁抹布擦茶几。

厅室内的茶具每天烫洗一次,保证随时备用。每季度擦一次门窗玻璃,一层楼玻璃随脏随擦。沙发每周吸尘一次,暖气每半月清刷一次。

厅室内各种陈设品由于质地不同,在搞卫生时要分类使用不同的抹布。对一些陈设品,如玉雕、木雕和挂画框,应使用软质棉丝,细致擦拭。对上清漆的家具、镜子、镜框、皮椅、沙发框等应用干抹布;使用湿抹布擦的物品有:橱柜、书桌、花架、窗台、门窗、电话机、台灯等。茶几餐桌、办公桌应使用专门抹布。搞完卫生后各种抹布均应及时洗净、晒干。

厅室卫生管理标准是:空气清新,温度适宜,窗明几净,布置整齐,屏风、桌椅、茶几、沙发、陈设品无浮尘,地面、地毯、墙角无灰尘、杂物,室内无蚊蝇、蟑螂。

(2)走道、楼梯卫生

在一些接待外宾的饭店、宾馆大楼内都有一些门厅和连接部位的走廊,这些厅、廊都是通往活动场所的必经之路,其卫生工作不容忽视。卫生工作的程序是:大理石或水磨石地面,每天用清扫机清扫三次,即早晨上班一次,中午上班一次,下午上班时一次(参观路线在中午11时左右再用清扫机推一次)。擦拭窗台、暖气盖、茶几、屏风和汉白玉石柱,用干抹布擦皮沙发。暖气底下、墙边要用布擦净,擦的范围要与推车推过的部位衔接上。铺设的地毯、胶毯每天都要清扫吸尘,并经常调直铺平。大理石地面要经常打蜡磨光,皮沙发每年要擦油打光。

厅廊的卫生标准是:玻璃明亮,墙壁、石柱、地面光洁,布置整齐,窗台、暖气、皮沙发、茶几、屏风无浮土。地面、地毯无杂物。

楼梯卫生工作程序是:从楼梯上部往下部依次进行,先擦地面后擦楼梯扶手,然后进行地毯吸尘。其卫生标准是:扶手无浮尘、污渍,棱角、花格无积尘,地毯铺设平展整齐、无杂物,地毯压条锃亮、无松动。

(3)洗手间的清洁卫生

洗手间卫生质量的好坏,不仅直接影响周围环境,而且对宾客的心理会产生较大影响。洗手间的日常卫生要求是一天必须清扫两次,并做到随脏随清扫。定期进行细致清扫。洗手间的卫生清扫操作程序是:首先打开窗户通风,接着用清洁剂和软毛刷清扫坐桶、蹲坑、小便池,然后擦窗户、暖气盖、门边、洗脸盆、毛巾架、镜子、水龙头等处,最后清理地面上的垃圾和纸篓的手纸,用布从里往外把地面擦两次。

洗手间的卫生标准是:地面、墙壁、脸盆、便池、蹲坑、坐桶、暖气盖洁净,门窗玻璃和梳理镜明亮,地面无杂物,墙壁无蜘蛛网,脸盆无水垢,便池无尿碱,蹲坑、坐桶无粪便痕迹,坐桶盖洁净,暖气、窗台无浮土,空气流通,无蚊蝇,无臭味。

三、掌握消防安全技能

消防工作要以预防为主、消防结合。只有事前做好准备工作,才能做到临阵不乱。作为会务服务人员,我们首先要在思想上重视消防安全,有防火安全意识,懂得火灾扑救的消防知识;其次要学法、遵章、守纪,严格按操作要求操作;再次要利用自己所学知识及时发现安全隐患;最后要从我做起,不留下火险隐患。

(一)消防法律法规

(1)消防工作方针:消防工作要贯彻"预防为主,消防结合"的方针。

(2)消防安全责任制度。《消防法》明确规定:消防工作实行消防安全责任制,首先是单位法定代表人及分管领导,应当对自己分管工作范围内的消防安全工作负责,各部门、各班组负责人及每个岗位的人员应对自己管辖工作范围内的消防安全工作负责,切实做到"谁主管,谁负责,谁在岗,谁负责",保证消防法律法规的贯彻执行,保证消防安全措施落实到位。

(3)对人员密集场所发生火灾,该场所工作人员不履行组织引导在场人员疏散义务的,情节严重,但尚不构成犯罪的,依照《消防法》处以5日以上,10日以下拘留。

(4)对违反消防安全管理规定的,根据《消防法》第六十三条的规定,处以警告或者伍佰元以下罚款,情节严重的处以5日以下拘留。

(5)消防安全重点单位,应当进行每日防火巡查,并确定巡查人员、内容、部位和频次,建立消防安全巡查台账。

(二)火灾处置

一旦发现火情,首先不要惊慌,应一面报警,一面扑救,两者不可偏废。火灾初起时,一般是燃烧范围小,火势比较弱,如能使用就近的消防灭火器材,采取正确的灭火方法,就能很快将火扑灭。据有关资料统计,有80%以上的火灾是公民自己及时扑灭的,从而大大减少了火灾损失。

1. 火灾报警

在组织灭火的同时,应迅速向本楼宇消防中心或公安消防部门报警。一是按下走道上的红色紧急报警按钮,即可向消防中心发出报警;二是拨打消防中心电话报警;三是拨打"119"火警电话,这是全国统一的火警报警电话号码。向公安消防部门报警时要讲清起火地点,包括路名、门牌号码、单位名称,靠近什么路口等。最好还能讲清起火的是什么物质、火势等,同时要报出自己所用的电话号码和姓名以便事后联系。

2. 几种常用灭火剂

(1)水:是自然界中分布最广、最廉价的灭火剂,由于水具有较高的比热

(4.186J/g℃)和潜化热(2260J/g),因此在灭火中其冷却作用十分明显。其灭火机理主要是依靠冷却和窒息作用进行灭火。水灭火剂的主要缺点是产生水渍损失和造成污染、不能用于带电火灾的扑救。

(2)泡沫灭火剂:是通过与水混溶、采用机械或化学反应的方法产生泡沫的灭火剂。一般由化学物质、水解蛋白或由表面活性剂和其他添加剂的水溶液组成。通常有化学泡沫灭火剂、机械脘基泡沫灭火剂、洗涤剂泡沫灭火剂。泡沫灭火剂的灭火机理主要是冷却、窒息作用,即在着火的燃烧物表面上形成一个连续的泡沫层,通过泡沫本身和所析出的混合液对燃烧物表面进行冷却,以及通过泡沫层的覆盖作用使燃烧物与氧隔绝而灭火。泡沫灭火剂的主要缺点是水渍损失和污染、不能用于带电火灾的扑救。

目前,在灭火剂中使用的泡沫主要是空气机械脘基泡沫。按发泡倍数可分为三种:发泡倍数在20倍以下的称为低倍数泡沫;在21~200倍之间的称为中倍数泡沫;在201~1000倍之间的称为高倍数泡沫。

(3)干粉灭火剂:是用于灭火的干燥、易于流动的微细粉末,由具有灭火效能的无机盐和少量的添加剂经干燥、粉碎、混合而成的微细固体粉末组成。主要利用化学抑制和窒息作用灭火。除扑救金属火灾的专用干粉灭火剂外,常用干粉灭火剂一般分为BC干粉灭火剂和ABC干粉灭火剂两大类,如碳酸氢钠干粉、改性钠盐干粉、磷酸二氢铵干粉、磷酸氢二铵干粉、磷酸干粉等。

干粉灭火剂主要是通过在加压气体的作用下喷出的粉雾与火焰接触、混合时发生的物理、化学作用而达到灭火的效果。其灭火机理为:一是干粉中无机盐的挥发性分解物与燃烧过程中燃烧物质所产生的自由基或活性基发生化学抑制和负化学催化作用,使燃烧的链式反应中断而灭火;二是干粉的粉末落到可燃物表面上,发生化学反应,并在高温作用下形成一层覆盖层,从而隔绝氧窒息灭火。干粉灭火剂的主要缺点是对于精密仪器火灾易造成污染。

(4)二氧化碳灭火剂:是一种气体灭火剂,二氧化碳在自然界中存在也较为广泛,价格低、获取容易,其灭火主要依靠窒息作用和部分冷却作用。主要缺点是灭火需要高浓度的二氧化碳,会使人员窒息。

3.如何正确使用灭火器

(1)对带电设备的火灾应使用干式灭火器(干粉灭火器、二氧化碳灭火器)。

(2)对油设备发生的火灾应使用泡沫灭火器。

(3)对电器设备发生的火灾应使用四氯化碳、二氧化碳这种不燃烧、不导电的灭火器。

(4)对电子设备发生的火灾应使用二氧化碳灭火器,因为二氧化碳无腐蚀作用,不损坏设备。

(5)ABC 干粉灭火器综合了四氯化碳、二氧化碳、泡沫灭火器的长处,为通用产品。

【能力检测】

1.某企业将举办一次公司内部会议。公司老总将向与会者说明下阶段的工作要求,一些部门主管将汇报上季度的工作业绩及存在的问题,普通员工与老总之间还有互动交流环节。

问题:这个案例中你认为需要配置哪些类型的音效设备?

2.某企业将举办一次对外宣传会议。在会议中将展示公司的发展历程、特色产品、业绩成果等影音资料。同时,也会有公司公关人员作同步介绍。与会者还能直接参与视频对话。

问题:假如你是会议筹备人员,需要为这次会议准备哪些视频设备呢?

3.根据所学知识填写下列表格:

消毒方法	消毒时间
煮沸消毒法	
蒸汽消毒法	
高锰酸钾消毒法	
漂白粉消毒法	
红外线消毒法	
84 消毒液	

清洁范围	清洁时间
厅室	
茶具	
门窗玻璃	
沙发	
暖气	
大理石、水磨石地面	
参观路线	
大理石地面	
皮沙发	

4. 灭火器的种类有哪些？对不同火灾如何选用不同的灭火器？

5. 一旦发生火灾，你应如何处置？

第三单元 体验会务现场服务

项目一 会前服务

【学习总目标】
- 掌握会前准备的各项内容

【学习分目标】
- 熟悉会场布置的规格
- 熟悉会场布置所用的物品
- 掌握会前检查的主要内容
- 掌握贵宾厅准备的要求
- 了解会前签到登记的要求

【学习情境】

照片中的这个大型会场,是不是很气派?学习完本单元的知识,你也能成为筹备、布置、安排会场的合格人才。

万事开头难,让我们先从细致的会议服务准备工作入手吧!

【学习任务】

一、会场服务模式

会议进行期间,出于各种因素考虑,现在很少有酒店会安排员工一直在会场内跟踪服务。这种服务方式对专业酒店来说,人力资源成本太高,尤其是会议旺季,十几甚至几十个会议同时进行是很难做到会场跟踪服务的;更为重要的原因是,这样的服务方式不能将人力资源进行合理配置。较为高效的方式是楼层负责制,每个楼层有一至两个班组,根据楼面会议的任务安排,由主管或领班来协调人员安排。例如,有的培训会议在进行期间所需服务较少,可由一名员工同时照顾三四个甚至更多的会场;而团队其他成员可以由主管调配,配合服务董事会会议或会间的茶点;或者某一班组负责服务的楼层中有会议提前结束,团队中的大部分成员可以一起进行清场工作或第二天会场的准备工作。这种楼层负责制可以高效合理地利用资源,在提高团队凝聚力的同时,调动员工主动、合理掌握时间的意识,提高其参与工作的积极性。

有的酒店在会场内设置了"服务呼叫"按钮或专线服务电话,客人在会议期间有需要可以采取按按钮或打电话的方式,避免了与会客人自己从会场中出来寻求服务人员帮助的尴尬场面。但是,这种专线电话通常只能拨出,不能拨进电话,以避免误打影响客人会议的进行。

对于一些大型活动,酒店会召开专门的会前协调会,不仅要求部门经理以上人员参加,还要求相关销售人员、会议协调人员以及会议服务主管人员出席会议,沟通各个服务细节的衔接问题。对有重要贵宾参加的活动,酒店通常还会邀请会议主办方的负责人一起参加会前协调会,听取或商议活动安排,以最大程度确保会议顺利进行。

总而言之,会议的准备和筹划工作是决定会议成败的关键因素。会议服务负责人要建立分层次、分时的检查制度,随时解决会议准备时出现的问题。

二、接受任务和会前准备工作

(一)拟订会议服务计划表

对会议服务来说,会前的准备及沟通环节是最为重要的,部门的计划和与客户的沟通程度决定了会议顺利与否。

对会议服务部门来说,"会议服务计划表"是一个很有效的管理工具。此表通常按照日期进行设置,它的主要作用是记录正在举行会议的会场服务情况、任务分配情况以及日常的交接记录等。具体的作用主要有以下几个方面:有利于各个部门之间以及部门内的各个班组之间核对信息;会议过程中可能会产生合同以外的临时增加或改变服务内容的情况,这些信息及时在计划表中随时记录、体现有助于跟踪客户需求以及活动结束后的费用结算。

此外,会议服务计划表使会务服务人员在同时执行多个项目任务时能预测在不同时间、地点以及环节上所需要使用的资源,赋予工作任务不同的级别,合理使用资源,控制和节约时间。

会议服务计划表

日期: 值班经理:

序号	会议名称	场地布置/人数	会议负责人	服务要求	备注
1	上海科技大会	黄河厅/300人	A班组	下午2:00茶点	
2	上海世博园筹备组会议	B厅/固定式/25人	C班组	全程茶点;VIP B级	VIP10:00到达
3	上海教育协会会议	长江厅/U字形/40人	B班组	主席台茶水服务	
4	上海商会会议	浦江厅/圆桌/150人	A班组	上午贵宾厅20人茶点;9:30开始	
5	中国证监上海监管会	D厅/回字形/40人	B班组	上午会间签约仪式	红色签约桌布置
6	全国高校教师工作会议	上海厅/课桌式/500人	C班组	详见任务单	

(二) 准备好会议物品

会议的目的和方式不同,所需的会议用品和设施也不同。

1. 基本设施的准备

(1) 桌椅

一般桌子的标准高度为60cm,宽度应根据两边是否同时坐人而定,如是一面坐人,则36cm宽即可。60cm宽的方形桌一般用来布置主席台,或者用来表演、展览。1.2m、1.8m、2.4m长的桌子较便于组合成各种布局形式。

圆桌一般用于宴会,也可以用于讨论会等。圆桌常见直径有1.2m、1.8m、2.4m的,布置时应以座位舒适为原则。一般直径为1.2m的圆桌安排4~6人,1.6m桌安排 8~10 人，1.8m 桌安排 10~12 人。曲线形的桌子多用来布置自助餐等。

还有的会议桌是椭圆形的，中空放置花卉等装饰物，此类会议桌大多放于中小型会议室内，比较适合十几人的工作会议。

桌面一般铺有桌布。主席台桌、展览桌和自助餐桌有时需要圆钉、曲别针、塑料夹等固定桌布和台裙。

扶手椅、折叠椅等各种各样的椅子都可用在会议室，大型高档宴会或会议还经常使用椅套。

（2）布件

会议接待工作所用的布件主要有会议厅室布件和宴会布件，如台布、台裙、台呢、椅套、餐巾、筷套等。

台布。由于会议桌形摆设的不同，会展厅室使用的台布（桌布）也没有固定的规格，其尺寸主要是依据会议桌的高度及长宽而定。一般而言，桌布的尺寸以在会议桌上铺好后距离地面 2cm 为宜。宴会厅里常用的桌布尺寸为 240cm×240cm、260cm×260cm；西餐厅里常用的桌布尺寸为 180cm×360cm、280cm×280cm、300cm×300cm。

台裙。又称桌裙，它是在铺设好台布的会议桌、餐桌上增设的装饰，增设桌裙可以提高会议和宴会的规格和档次，给与会者以高雅、舒适、享受的感觉。台裙的用料应选用花色高雅、质地精良、色泽明快的平绒布或丝缎织品等，台裙颜色的选用应根据会议厅的色调、环境来定。签到台台布的大致规格为 250cm×130cm，具体情形要视签到台的规格而定。

毛巾。会议中使用的小毛巾等布件一般以厚绒小方巾为主，尺寸以 30cm×30cm 为多见。客房中用到的各种规格尺寸的大小毛巾、浴巾、床单等布件都属于会议接待酒店方的基本设施。会议及宴会中的常用布件应尽量选用材料吸水性好、坚韧耐用的。

窗帘。会议室使用窗帘，在功能上起到遮光、调温和隔音等作用；在审美上又有很强的装饰作用。窗帘的图案、色泽、质感、悬挂方式和开启方式与室内的气氛及格调的形成关系极大。一般会场所使用的窗帘多采用统一色调的缎条、缎格、提花布、天鹅绒等，又以深红、紫、墨绿等深色调为主，以营造会议庄重、严肃的气氛。大型会议厅室中，目前已经普遍采用红外线遥控技术来控制大幅窗帘的拉开、闭合。

（3）席位卡

会议席位卡在涉外会议中通常为中英双语设计，且正反两面所注内容应完全一致。会议前承办者一定要与会议的主办方认真确认席位卡上信息及摆放位置。

（4）会标

会标是以会议名称为主要内容的会议信息的文字性标志。会标可以直接显示会议名称的诸项功能,如揭示会议主题、性质、主办者等,还可以体现会议的庄重性,激发与会者的参与感、积极性和责任感等。

会标一般以醒目的横幅形式悬挂于主席台上方的沿口或布景板上,或用计算机制作成幻灯图片,映射于天幕上,以增强会议的现代感效果。会标的格调要与会议的主题一致,如代表大会的会标格调应当凝重,联欢会的会标格调应当活泼。会标应当醒目,具有视觉冲击力,给人以深刻的印象。

会标主要表现会议的名称,如会议名称较为简洁,也可以在会议名称下面标出会议的主办者、承办者、赞助者以及会议的时间、地点。国际会议的会标可以用中文和外文同时书写,也可以用英文书写。

 小贴士

制作会标的方法

1. 粘贴法:按照设计打印好的字形在颜色适当的粘纸(不干胶纸)上剪出或刻出会议名称,粘贴在横幅上。

2. 书写法:将会议的名称用广告色书写在纸张上,然后将纸张均匀地排列并固定在横幅上。这种方法是最简便的,但要求书写人的书法基础较好。现在也有直接用打印纸将文字打印好后将纸张排列固定在横幅上的做法。

制作会标时,要根据主席台的台口宽度和会议名称的字数确定规格。根据广告心理学的原理,一般情况下,会标的字数不宜超过13个字,否则接受度明显下降。每个字的具体规格可按下列公式进行计算:

$$会标每个字的规格 = \frac{台口宽度 - 间隔}{字数 + 2}$$

例如:主席台的台口宽度为15m,会议名称为10个字,计划每个字的间隔是0.3m(10个间隔共计3m),这样按以上公式算出的每个字的宽度为:

$(15-3) \div (10+2) = 1m$

(5)会徽

重大会议、体育盛会等一般都有会徽。会徽体现会议的主旨、举办地、举办时间、举办国(地区、单位)等,一般悬挂在主席台的天幕中央,形成会场的视觉中心,具有较强的感染力和激励作用。在布置主席台时,把会徽悬挂在台幕正中黄金分割线处较佳。

(6)台幕

台幕即主席台的背景,一般用单色如紫红色或深蓝色的布料做成。红色色调

热烈,蓝色色调柔和宁静,可视会议性质分别选用。也可采用分割法,配以两种颜色。

2. 常用文具的准备

会议需要准备的常见文具有:

(1)方便与会代表进行记录的铅笔、信笺纸,或者有纪念意义的圆珠笔、水笔、笔记本等。

(2)会议签到用的各类笔、墨、纸、簿册等。

(3)在签字仪式中体现签字代表身份的高级签字笔。

会议开始前应准备好铅笔,如有必要,也可备上圆珠笔。铅笔需事先削好,并统一摆放于与会者座位的右上方。

大多数会议直接使用接待场所的自有文具,这些文具上常印有接待场所的Logo,对于接待场所而言这是一个很好的宣传机会。

一般中型或中型以上的会议,其所用纸张需印有该次会议的会标,以便于会后资料的查找,这也有利于明确此次会议的重要性。如果是社会影响很大的高级会议,以上所有的常用文具都应该专门印刷会议的名称,以体现会议承办者对会议的重视程度。

3. 装饰用品

(1)花卉

在会务接待厅室布置花木是一种礼遇规格,是对客人欢迎和尊敬的一种表示。会场内外适当布置花卉,能点缀会议的气氛,给人一种清新、活泼的感觉,并能减轻与会者长时间开会的疲劳。

花卉的品种与颜色要符合会展的整体格调。如气氛热烈的庆祝会以红、黄等颜色较为浓烈的花为主,纪念、追悼性会议则以颜色较为淡雅的花卉为主。

主席台前和会场入口处是花卉布置的两个重点区域。

在会展接待服务中,百合、牡丹等因为其寓意的高雅而成为常用的花材。

常用的会议用花是:花篮(适用于开幕式、会场门口及主要通道等)、贵宾胸花(适用于贵宾出席开幕式、主题发言等)、主席台桌面用花(适用于开幕大会主席台中心摆设)、讲台用花(适用于放在讲台前方盖住话筒)、签到台桌面用花(适用于与会者签到或报到处的装饰)、陈列用花(适宜作为椭圆形、回形等会议桌当中空间布置的装饰性用花)等。

(2)标语横幅

会议标语是一种书面符号系统,能直接彰扬会议主题,具有更加显著的宣传效果。

会议标语的制作应当切合主题,体现会议的目标;亲切感人,以利于人们对标语口号产生认同感;简洁工整,朗朗上口,因为简洁的标语更能引起与会者的视觉注意,也更容易记忆和流传,有助于扩大会议的社会效果。

 小贴士

会场的整体色彩与色调

不同的色彩与色调能使人产生不同的心理感受。比如,红、橙、黄等颜色给人以热烈、辉煌、兴奋的感觉;青、绿、蓝等颜色给人以清爽、娴静的感觉。

因此,时间较长的会议,会场可用绿色、蓝色的窗帘,多布置绿色植物等,以消除与会者的疲劳;代表大会、表彰庆祝大会,会场的色调布置要鲜亮、醒目一些,以显示热烈、庄严、喜庆的气氛,如可在主席台摆放一些五彩缤纷的鲜花,两侧排列鲜艳的红旗,周围悬挂一些红底黄字的标语。在我国,一般认为红色象征着火热、豪迈、奋进,黄色象征着温暖、高贵、辉煌。当人们走进用这样的色彩、色调布置的会场时,就会感到振奋、激昂,很快融入会议的气氛中。

4. 会场其他用品

在会前准备工作中,会场服务所需的物品还包括:

(1)茶具

茶具主要指茶杯、茶碗、茶壶、托盘等饮茶用具。我国的茶具种类繁多,主要有陶土茶具、瓷器茶具、漆器茶具、玻璃茶具、金属茶具和竹木茶具等。在会议接待服务中使用最广泛的主要为瓷器茶具和玻璃茶具。

(2)饮品

会议服务中常见的饮品为各类茶水、矿泉水、牛奶、咖啡、各类果汁等,具体应视主办方的要求而做好准备工作,关键是投入最少,达到最优效益。

(3)视听器材

即投影机、摄像机、调音设备、同声翻译系统等。

(4)印刷设备

即印制和复制会议文件的机器设备,如打印机、扫描仪、复印机等。

(5)专门用品

专门性会议上所用的物品,如:颁奖会的奖品、证书;选举会的选票、投票箱;开幕式剪彩时用的彩球、剪刀等。

(三)做好会前检查

会议开始前,服务人员应按照任务书布置会场,主动与客户沟通,了解会议议

程及会议变化要求。为避免遗漏信息,对所负责的会议及区域检查项目应制定表格,发现与任务单信息不符的布置应及时与相关人员联系。下表列举了应关注的会前准备内容。

会场服务准备工作检查单

楼层/会议室名称:
日期:
会议服务负责人:　　　　　　联系电话:
当班主管:

序号	检查项目	是否符合要求		备注
		是	否	
1	背景板及舞台搭建			
2	台型摆放、座椅数量			
3	布件颜色、质地			
4	会议用品摆放			
5	讲台或主席台布置			
6	鲜花布置			
7	检查会场内灯光			
8	会场卫生状况			
9	会议信息指示牌			
10	与会者进场路线是否保持通畅			

其中会议信息指示牌的位置要便于客人查找。尽管现在很多会议型酒店都在大厅或楼层设立了滚动的电子信息牌,但是往往数量有限,不能移动。如果场馆较大或结构复杂,最好能够使用移动的指示牌作为补充,方便客人更快找到会场。

与会者的进场路线也是会前检查工作的必要内容。要检查来宾进入会场的沿途灯光、是否有障碍物或临时搭建设施、是否需要引导等。

贵宾厅的布置和检查需要有更加详细的清单,最好检查人或者当班主管能够查阅客史档案记录,看客人有无禁忌喜好,提前做好准备工作。以下附场地检查详细内容,涵盖会议服务的诸多方面。

VIP Room Checklist-conference Service 贵宾厅服务检查工作清单

Room Setup(房间布置)：

Name of Function(活动名称)：　　　　　　　　Date(时间)：

Room Setup(房间布置)	Standard(标准)
• Air condition is on one hour before function start. • 至少提前1小时开启空调	To maintain at 22℃~24℃ 室内温度保持在22℃~24℃
• Room ready 1 hour prior to start to function. • 预定时间前1小时场地布置完毕	——
• Curtain is drawn to allow maximum natural lighting. • 保持房间内充足的自然光线。	Curtain to drawn neatly. 窗帘整洁。
• Equipment & furniture are in good condition, clean & neatly arranged. • 场地内设备、家具状态良好，干净且布置整洁。	notify engineering one day before function for any defect. 活动前1天通知工程技术人员查找纰漏。
• Linen are spotless, free of tear or holes. • 场地内所有布件无污点及破损。	——
• China, glass & silver are spotless & clean. • 瓷器、玻璃器皿及银器光亮无污点。	Chinaware & glass to check for chipped & silver are shining. 检查瓷器及玻璃制品有无破损，银器是否光亮。
• VIP mint is used. • 贵宾薄荷糖。	——
• Flipchart & whiteboard is available. • 夹纸板及白板备用。	Must be clean & minimum 3 color markers. 保持夹纸板及白板清洁，至少准备三种笔。
• Laser pointer is available. • 激光笔备用。	Laser pointer is working and battery is new. 激光笔调试好并调换新电池。
• All light are working. • 所有灯具正常工作。	——

第三单元　体验会务现场服务

续表

Room Setup(房间布置)	Standard(标准)
• Room & foyer is clean & odorless. • 场地及门厅保持清洁。	PA to do final touch up 1 hour before function. PA to spray fragrant. PA 至少提前 1 小时清扫完毕并随时待命。
• Hanger is available in wardrobe. • 检查衣橱内衣架。	Total NO. available according to GTD NO. 需确保衣架数量不少于与会宾客人数。
• Plant is fresh. • 场地内绿色植物保持新鲜。	——
• Flower is fresh. • 场地内鲜花布置检查。	Flower arrangement according to VIP requirement. 根据任务单要求检查鲜花布置是否符合要求。
• Signage is available outside function room. • 指示标志正确	Spelling is correct & according to BEO. 根据任务书,正确打印指示牌内容.
• Associates grooming check. • 化妆间物品准备	Grooming according to hotel set standards. 根据酒店宾客登记配备相应物品。
• Sufficient VIP staffing. • 人员安排符合贵宾服务要求。	One staff standby outside the room at all time. 活动期间需要有员工随时待命。
• Audio visual equipment is functioning. • 音频设备工作正常。	AV technician to be on standby before & during function. 技术人员始终在服务岗位。
• Back area is neat & tidy. • 后台区域整洁。	——
Meeting with organizer(接待客户)	**Standard(标准)**
• A Manager or Team Leader to welcome organizer. • 主管人员迎接主办方人员。	Manager or team leader on standby at all time. 重要会议,主管或负责人需要始终在现场。
• Finalized details & program. • 活动安排最终检查。	Check seating arrangement and details. 检查座位安排。

续表

Greet the guest(迎候客户)	Standard(标准)
• Server standby at the door to welcome guest. • 在门口迎候客人。	Standing straight with hands in front. 保持正确的站立姿势。
• All guests are greeted with a smile, eye contact & appropriate salutation. • 问候客人时保持微笑及目光接触。	5 foot rule & standard verbiages. 遵循"5步原则"在适当距离问候客人。

Offer face tower(提供毛巾服务)	Standard(标准)
• Serve face tower. • 提供毛巾服务。	Cold face tower for hot whether & hot for cold whether. 根据气温及季节提供冷、热两种毛巾。

Offer coffee/tea service(提供茶饮服务)	Standards 标准
• Offer coffee/tea after serving face tower. • 客人用过小毛巾后提供热饮——茶或咖啡。	Coffee/tea is hot. 咖啡或茶提供热饮。 To provide sugar/cream set for VIP. 为重要客人提供糖或奶。 Chinese tea is available. 绿茶为必备饮品。

Start of meeting(会议服务)	Standard(标准)
• Server to assist to close the door. when meeting start. • 会议开始,关闭会议室门。	One server standby outside the room at all time. 服务人员应始终在会场外待命。

Coffee break(会间茶点服务)	Standard(标准)
• Coffee break equipment and furniture are in good condition, clean and neatly arranged. • 茶点所用器皿清洁并摆放整齐。	Coffee break station must ready 1/2 hour before actual time. 茶点台必须在预定时间前半小时准备好。
• Service attendant is aware of type of snack items being serve. • 服务人员核对茶点所提供的食品种类。	Server is brief on snack menu. 服务人员根据小食清单布置茶点。
• One type of cold drink is available such as ice tea or apple tea. • 茶点中必须有冷饮。	Fresh fruit juice is available. 鲜果汁为必备饮品。

续表

Coffee break(会间茶点服务)	Standard(标准)
• Coffee /tea urn is label. • 咖啡壶及茶壶有正确标示。	Lemon, chocolate shelving and cream are available during break. 饮品配料齐全。
• Server to standby outside room ready to open the meeting door when guest starts their break. • 客人离座用茶点时,立即打开会议室的门。	To lead VIP to VIP resting area. 引导贵宾至休息区。
• Face tower is being offered. • 提供小毛巾。	Cold face tower for hot whether & hot for cold whether. 炎热季节上冷毛巾,凉爽季节上热毛巾。
• Server to offer coffee/tea to guest. • 茶点时间随时为客人提供服务。	Tea selection includes Chinese tea. To fill 3/4 of the cup only. 注意斟茶的量为八分满。
• To provide direction to restroom if required. • 指示化妆间的方位。	——
• VVIP snack items to serve individually. • 贵宾茶点为每人每份的服务方式。	——
• Used coffee cup and soiled plate to clear immediately. • 及时清理咖啡杯。	Always clear with round tray. 用托盘服务。
Ascertain Satisfaction(确保客人满意)	**Standards(标准)**
• A manager will ascertain guest satisfaction during function. • 主管人员现场督导,确保客人满意。	Manager to check with organizer constantly. 主管人员与主办方沟通。
• To ensure product & service control. • 检查产品及服务的质量控制。	——

续表

Follow up & continue service(跟踪服务)	Standard(标准)
• Continue to provide attention to guests. • 会议期间随时关注客人动向并提供服务。	Server in function room at all time. 全程督导。
Refreshing meeting room(清扫会场)	Standard(标准)
• To change mineral water & glasses, writing pad & pencil. • 补充会议用品。	Glasses is clean, pencil is sharp. 保证杯子干净,铅笔削好。
• Refill VIP mint. • 补充贵宾用薄荷糖。	——
• Rearrange the chair. • 整理会场内座椅。	——
End of meeting/Assist with leaving **(会议结束/帮助客人离开)**	Standard(标准)
• Server to open the door when meeting end. • 会议结束打开会议室门。	——
• Assist with overcoat. • 衣帽服务。	VIP overcoat ready as VIP leaves. 当客人将要离开准备好客人的衣帽。
Material left in meeting room(会场遗留物品的处理)	Standard(标准)
• Any material, flipchart, handout, used pad & other meeting material that are left in the room should be kept. • 保留客人遗留在会场内的任何资料。	To notify the organizer. 与主办方确认后再进行处理。
——	To keep the item for one week. 若无法联系,则交由酒店相关部门处理;纸质资料保留一周。

续表

Bid Farewell(告别)	Standard(标准)
• Remember to thank all guest, use guest's name if known. • 尽量称呼客人姓名致谢并与客人道别。	Everyone responsibility to bid farewell. 每位服务人员都有向客人道别的义务。

三、会场座位布置

(一)会场装饰布置的原则

(1)室内功能设备要能体现适用性及艺术性的统一。比如说桌椅、台布、视听设备的色彩、造型都要与会议的格调一致。

(2)装饰应突出重点,千万不要满天繁星处处亮。简洁大方的装饰物更能体现会议的高雅格调。

(3)装饰物的花费要适当且要控制在预算范围内。

(二)会场布置的常见类型

会场的布置可以是标准化的,标准化会场布置常见甚至可以是个性化的。一般的标准化类型见下表。

会议类型	桌形摆设	特点
"一"字形台	桌子摆放成长方形,一般与正门平行或垂直。	在桌面上均匀铺上台呢或白色台布。在桌子两侧对称摆上扶手椅,主宾座居中摆放,主宾座位间的空间要比其他座位略宽。
"U"形台	将桌子连接着摆放成长方形,在长方形的前方开口,椅子摆在桌子外围。	通常会在开口处摆放放置投影仪的桌子,中间放置绿色植物;不设会议主持人以营造轻松的氛围;麦克风较多以便自由发言;给椅子套上椅套显示会议的档次。
课桌式	按教室的样子布置会议室,根据桌子大小和与会人数合理配置桌椅数量和座位间的空间。	此种桌形摆设可以最大限度容纳与会人数,可根据会议室面积和与会人数灵活布置会场,与会者还可以在桌子上放置资料和记笔记。

续表

会议类型	桌形摆设	特点
"回"字形台	将会议室里的桌子摆成中空封闭的方形,不留缺口,中间通常放置较矮的绿色植物和放置投影仪的小桌子。将椅子摆在桌子外围,给桌子围上桌裙、椅子套上椅套。	此种台形容纳人数较少,对会议室空间有一定的要求,常用于学术研讨会之类的会议。摆台时,要留出主持人的位置,在四面的桌上放上足量的麦克风,以方便不同位置的与会者发言。
剧院式	在会议厅面向讲台的地方摆放一排排座椅,中间留有较宽的过道。	留有过道,最大限度地将空间有效利用起来,在有限的空间里容纳尽可能多的人。

除了以上常见的会场布置类型外,还有 T 形、E 形、多 U 形等。不管采用何种形式,会议室布置的目的都是为会议服务的,或方便进出,或增强沟通,或传递信息,在布置前一定要与会议策划者详细探讨。

 小贴士

与会人员到场后,座位安排是很有讲究的,这里面可是有很大学问的,让我们马上开始排排坐吧!

1. 给小型会议安排座位

(1)自由择座。即不排定座位,由与会者自由选择座位就座。

自由择座

(2)面门设座。一般以面对会议室正门之位为会议主席的位置,其他与会者可在两侧自由就座。

面门设座

(3)依景设座。即会议主席的座位不必面对会议室正门,而是背依会议室内的主要景致,如字画、讲台等,其他与会者的排座略同于"面门设座"。

依景设座

2. 给"一"字形会议桌安排座位

如呈横一字形,则主方应背向正门一侧就座。如呈竖一字形,则以背向门的方向为准,客方坐右侧,主方坐左侧。翻译员在主持会谈的主宾和主人右侧。

横一字设座

竖一字设座

3. 给方桌会议和圆桌会议安排座位

举办方桌会议，如果只有一位领导，领导一般坐在长方形短边一侧，或者是比较靠里的位置上；如果有主客双方参加会议，一般分两侧就座，主人坐在会议桌的右边，而客人坐在会桌的左边。

方桌会议

如果不好区分与会人员主次,就要搞圆桌会议。圆桌会议不用拘泥于礼节,只要记住以门作为基准点,比较靠里的位置是比较主要的座位,就可以了。

圆桌会议

4. 给正式演讲型会议安排座位

正式演讲型会议,要给演讲者或发言人设置一张致辞台,方便演讲者站立或坐着讲话,同时,还要根据演讲人的要求及演讲需要,摆放相应的音像辅助设备。

四、会议登记服务

会议登记可分为预先登记和现场登记。预先登记能使会议组织者提前掌握出席会议、参加会议的人数和名单，既便于入住酒店时安排客房和餐饮，也利于减少会议登记现场的拥挤。对少数因特殊原因未能预先登记的人员，报到时应在会议现场签到。会议登记虽然是整个会议的一个小环节，但给与会者的第一印象却非常重要，接待人员必须特别注意。

1. 预先登记

酒店根据会议主办方提供的预登记信息，在与会者抵达前做好以下工作：

（1）根据团队预订中提供的信息，在与会者到达之前对客房进行安排，尽量安排在同一楼层或区域，并将钥匙装进标有入住者姓名和房号的信封袋，以便与会者签到时领取。

（2）提前为团体或单位填写登记卡，与会者到达时只需签字即可。

（3）当与会者到达时，可在大堂的合适位置（避开前台处）布设登记台，以减少拥挤。

（4）如果会议主办方要求，可以由会议组织者提前代表与会者将所有的单据表格拿走，在迎接途中提供给与会者填写，以节省签到时间。

（5）提前给每位与会者准备一个资料袋，里面放有表示欢迎的酒店名片、收费说明、城市地图等相关资料和物品。

（6）通知有关部门服务到位，包括保安部、餐饮部、客房部等。

2. 现场登记

（1）设立会议签到处

签到处也称为报到处、登记处、注册处。在会议团体到达时，会议登记处不只是与会者签到、登记、领取资料袋的地方，也是会议活动的中心。它控制进入会场的人员，收取、登记费用，是为与会者提供有关信息和解决与会者困难的场所。

会议登记处应布置在大厅或其他较宽敞的地方，便于会议登记者有次序地进入，又不影响其他客人。要求指示标志明显，能引导与会者按程序进行登记，登记桌应有空间便于与会者填写表格和存放会议资料袋，并安排专职人员提供信息，指导与会者填写表格。

会议登记时，酒店会议经理和会议组织者都应在场，他们可以迎接与会者并提供各种帮助。

（2）会议签到方式

参加会议人员进入会场一般要签到，使用何种登记方式要视会议的大小、种类而定，一般常见的会议签到方式有以下四种。

一是填写签到登记簿。签到登记簿是会议组织者为该次会议签到而专门印刷的，签到内容包括到会人的姓名、性别、年龄、职务和工作单位等。大多数会议都是在登记时完成签到的。

二是填写宣册签到簿。宣册签到簿是一种装帧精美的簿册。宣纸制作,锦绫裱封,往复折式,古色古香,签到时用毛笔书写,具有收藏价值。签到者只需要签写姓名。此种签到方式适用于小型会议或大型会议的特邀嘉宾等。

三是填写签到卡片。签到卡片是供会议正式代表用于会议签到的卡片,也是一种一次性使用的签到卡片。卡片上印有会议名称、时间和持有卡片人手签的姓名。会议期间要举行几次全体大会,会议组织者就为每位正式代表发放几张签到卡片。举行全体会议时,在入口处,代表将一张签到卡交给负责签到的工作人员即可。

四是电脑签到。会议代表在收到会议文件时,就收到一张签到卡片。代表进入会场,按序入座后,只要将签到卡放到签到机内,签到机就将与会人员的姓名、号码传到电脑中心,然后签到机将签到卡退还本人,与会者的签到手续在几秒钟内即办完,参加会议人员的与会情况由计算机准确、迅速地显示出来。电脑签到是先进的签到手段,目前一些大型会议都是采用电脑签到。

3. 网上登记

随着现代科技的飞速发展,越来越多的会议组织者考虑采用网上登记的方式。客人可以事先登录相关网站,填写好报到表再发送即可。在现场报到处也可安排放置一些电脑,进行网上登记和网上报到。电脑旁必须安排相关人员提供帮助。

网上登记的好处是:第一,由于信息是由与会者自己输入,因而信息的准确性可以有效保证;第二,节约了组织方的人力成本开支;第三,可以自动显示付款信息。同时也要指出的是,网上报到签到者的可信度尚不能完全保证。

 小贴士

签到采用电子签名,体现高科技

电子签名是指数据电文中以电子形式所含、所附,用于识别签名人身份并表明签名人认可其中内容的数据。通俗地说,电子签名就是通过密码技术对电子文档的电子形式的签名,并非是书面签名的图像化,它类似于手写签名或印章,也可以说它就是电子印章。原笔迹记录是电子签名的特色之一。

随着科技的发展,许多会议已经采用电子签名签到的方式,参会嘉宾只需要拿电子笔在特定的设备上签名,电脑就自动记录签名者的笔迹,并且可以永久保存。

同以往传统的纸笔方式相比,电子签名这项技术能够有效节约资源,节省成本,又体现了环保的理念,充分展示了高科技的独特魅力。

【能力检测】

请阅读以下材料,并回答问题:

1995年3月在丹麦哥本哈根召开联合国社会发展世界首脑会议,出席会议的有近百位国家元首和政府首脑。3月11日,与会的各国元首与政府首脑合影。照常规,应该按礼宾次序名单安排好每位元首、政府首脑所站的位置。首先,这个名单怎么排,究竟根据什么原则排列?哪位元首、政府首脑排在最前?哪位元首、政府首脑排在最后?这项工作实际上很难做。丹麦和联合国的礼宾官员只好把丹麦首脑(东道国主人)、联合国秘书长、法国总统以及中国总理、德国总理等安排在第一排,而对其他国家领导人,就任其自便了。好事者事后向联合国礼宾官员"请教",答道:"这是丹麦礼宾官员安排的。"向丹麦礼宾官员核对,回答说:"根据丹麦、联合国双方协议,该项活动由联合国礼宾官员负责。"

问题:

(1)你觉得这次国际会议的座次安排合理吗?
(2)会议签到一般有哪几种方式?
(3)会议现场登记人员应注意哪些事项?

项目二 会中服务

【学习总目标】
- 掌握会中各项服务的规范与要求
- 掌握各种不同会议的服务要求

【学习分目标】
- 掌握会中主席台续水的服务要求及注意事项
- 掌握会中茶点服务的注意事项
- 熟悉签约服务的流程
- 掌握衣帽寄存服务的要求及注意事项
- 熟悉会见厅的服务要求和规范
- 掌握各类商务会议及政府会议的服务要求和规范

【学习情境】

某论坛开幕,演讲开始之前,服务员小沈为演讲嘉宾上绿茶。嘉宾尝了一口,要求小沈为自己倒杯红茶,小沈面露难色,因为事前未准备红茶,但嘉宾坚持要求更换,小沈只得临时去取。如果你是小沈,你会如何避免这类情况发生?

【学习任务】

一、主席台服务

主席台就座的人员是每次会议的核心人物,主席台服务是最能够体现会议服务水准的一项工作内容。

一般根据主席台上就座的人数来确定主席台的长短和排数。前排与后排中间留出通道。主席台上座位之间要空开适当距离,以方便领导人入席与退席。会标要悬挂于主席台的天幕中央,突出会议主题。

主席台服务要重点考虑因素见下表。

主席台服务要重点考虑因素

服务项目	服务内容
主席台灯光	主席台的灯光最好能够采用区域照明,有独立的可控、可调整光源,以满足主席台区域的面光补偿,满足摄像要求,必要时可按需要配备灯架

续表

服务项目	服务内容
桌椅和布件	会前,尽可能地将主席台的桌布、桌裙颜色区别于与会者所使用的布草颜色,这样的选择有助提升会场的整体氛围。在搭建主席台时,要尽可能地照顾到客人的舒适度。例如,通常主席台桌椅的宽度、高度、式样会有所不同。如果主席台的桌椅需要拼接,除了要确保台面平整外,还要再覆盖双层或加厚台布以保持桌面的美观和舒适度
大小与布局	一般会前都要根据背景板和舞台的大小及位置确定主席台的形状、长度和布局。若主席台人数较少,可以考虑使用较宽大的椅子、沙发,还可以适当增加一些茶几等装饰,使主席台规模看起来与会场规模和氛围相协调。此外,宴会与会议统筹人员要充分考虑议程安排对主席台的舞台尺寸的要求。例如,有颁奖仪式时,主席台前要留有足够的空间给接受奖章的嘉宾或方便嘉宾与主席台人员合影
物品摆设规格	通常主席台物品摆放规格会与一般与会者有区别,尤其是专门设立主席台的会场,会根据主办方的要求摆放茶杯、水杯、小毛巾、薄荷糖,国际会议中根据会议语言可能还需要摆放同声翻译耳机等。实际上国际会议对主席台的布置趋向简单化,例如矿泉水放两瓶,一瓶冰的、一瓶常温的,冰的矿泉水需要铺杯垫
主席台座位安排	对主席台的嘉宾能否出席会议,服务人员应该在会议开始前与主办方人员逐一落实,避免临时调整座位的情况发生。嘉宾到达后,一般会安排在休息室稍候,应逐一核实并由相关人员告知其台上具体的座位方位,防止主席台上出现席位卡差错或位置空缺。 一般来说,以会场内背景板中心或舞台中心为基准,有以下几种排座参考模式,如下图所列。 领导人数为单数: 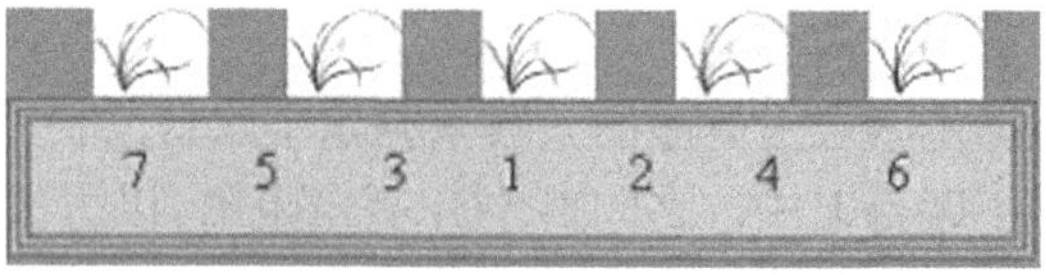 7 5 3 1 2 4 6 领导人数为双数: 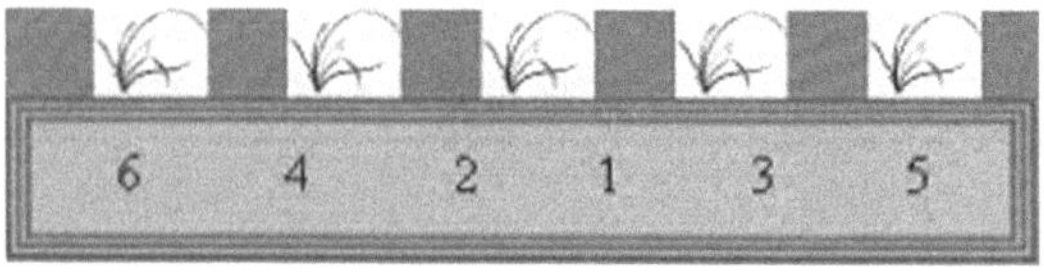 6 4 2 1 3 5

对于会议进行当中主席台是否需要服务,宴会与会议统筹人员最好能够事先与主办方沟通。在一些持续时间较短的国际会议中不赞成有主席台服务,以免影响会议进行;若会议时间较长,氛围相对轻松,要根据实际情况做好服务的准备工作。

主席台的茶水服务要求甚至比贵宾室的服务要求还要高,因为服务人员在舞台上的一举一动都时刻被台下的所有与会者所关注,是酒店服务水准的集中体现。因此高标准的会议服务,要制订相应的主席台茶水服务方案。方案中要具体到上台服务的路线、续水的方位和顺序以及服务结束后离开主席台的顺序、动作的整齐度等。

对重要会议以及有贵宾参加的会议,最好能够指定主席台服务人员或礼仪服务人员,除关注会议的进展情况外便于掌握重要客人的动向,与相关部门以及统筹人员沟通。就会议服务经验来看,主席台人员的决策和需求是与会议议程以及服务准备工作密切相关的。

二、会议饮水服务

1. 会议提供饮水服务的类型

会议提供的饮水服务主要有三种类型:

(1)提供瓶装水。为每名参会人员发放一瓶饮用水。有的是在参会人员入场时发放,有的是在布置会场时提前放在桌面上。这种方式的优点是比较方便,但是无法提供热水,不适合在冬季使用。

(2)设置饮水点。在会场内摆放若干饮水机或开水桶,并提供水杯,由参会人员根据需要自行取水。这种方式的优点是能够提供热水,满足了泡茶等特殊需求,但是人员在场内走动干扰了会场秩序。

(3)为参会人员续添热水。服务人员利用暖水瓶在场内流动为参会者续水。这种方式的优点是能为参会者提供周到的服务,使其获得宾至如归的良好体验,但是需要的服务人员数量较大,人力成本较高。

这三种方式各有千秋,应根据会议情况灵活采用。一般情况下,小型会议可以不提供饮水服务,或者采用第二种方式。大中型会议则应根据需求将这三种方式结合起来,对于普通参会者采用第一种和第二种方式,对于主席台就座的参会者可以采用第三种方式。

2. 会议倒水、续水服务

为客人进行茶水服务时首先要按照规范做好理盘和摆盘工作,无论是小茶杯还是高杯,摆放时要均衡,杯柄朝右,左手端盘。在正式场合,如会见、会谈等,应用高杯上茶。如果是活动前的休息,时间较短,一般可用小茶杯上茶。

端茶敬客的要求是:客到茶到,茶到敬语到。

客来递上一块毛巾,擦擦脸和手,这是中国古老的待客方式。递上毛巾,是递毛巾与上毛巾两种服务方式的合称。递毛巾是指服务员直接将毛巾递送到客人手上。会见、会谈和小型会议及宴会上的主宾席,第一次给客人送毛巾,通常采用递毛巾的服务方式。上毛巾,即将毛巾折叠成正方块或长方块,放在盘内,然后摆上台面,由宾客自己取用。大型会议、茶会、宴会和酒会多采用此种服务方法。

不论是递毛巾还是上毛巾,也不论是热毛巾还是冷毛巾,使用前都要漂洗洁净和用高温消毒。

 小贴士

茶叶的分类

中国是茶的故乡,是茶的原产地。中国人对茶的熟悉,上至帝王将相、文人墨客、诸子百家,下至挑夫贩夫、平民百姓,鲜有例外,无不以茶为好。人们常说:"开门七件事,柴米油盐酱醋茶。"茶叶可以分为以下几类:

绿茶类属不发酵茶(发酵度为0)。这类茶的茶叶颜色是翠绿色,泡出来的茶汤是绿黄色,因此称为绿茶。例如,雨花茶、龙井、碧螺春、黄山毛峰、太平猴魁等。

红茶类属全发酵茶(发酵度:100%)。红茶通常是碎片状,但条形的红茶也不少。因为它的颜色是深红色,泡出来的茶汤又呈朱红色,所以叫红茶。英文将红茶称作 Black Tea,意思是黑茶,确实外国人喝的红茶颜色较深,呈暗红色。红茶包括祁门红茶、滇红、宜红等。

青茶类属半发酵茶(发酵度:10%~70%),俗称乌龙茶,种类繁多。这种茶呈深绿色或青褐色,泡出来的茶汤则是蜜绿色或蜜黄色。例如,冻顶乌龙茶、闽北水仙、铁观音茶、武夷岩茶等。

黄茶类属部分发酵茶(发酵度:10%)。黄茶是一种发酵程度不高的茶类,制作工艺似绿茶,制作过程中闷黄。因此,具有黄汤黄叶的特点。例如,君山银针、蒙顶黄芽、霍山黄芽等。

黑茶类属后发酵茶(随时间的不同,其发酵程度会变化)。这类茶多半销往俄罗斯或我国边疆地区;大部分内销,少部分销往海外。因此,习惯上把黑茶制成的紧压茶称为边销茶。例如,普洱茶、湖南黑茶、老青茶、六堡散茶等。

花茶是将茶叶加花窨烘而成(发酵度视茶类而有别,大陆以绿茶窨花多,台湾以青茶窨花,目前红茶窨花愈来愈多)。这种茶富有花香,以窨的花种命名,如茉莉花茶、牡丹绣球、桂花乌龙茶、玫瑰红茶等。花茶又名"窨花茶"、"香片"等。饮之既有茶味,又有花的芬芳,是一种再加工茶叶。

紧压茶以红茶、绿茶、青茶、黑茶的毛茶为原料,经加工、蒸压成形而成。因此,紧压茶属于再加工茶类。中国目前生产的紧压茶,主要有花砖、普洱方茶、竹筒茶、米砖、沱茶、黑砖、茯砖、青砖、康砖、金尖塔、方包茶、六堡茶、湘尖、紧茶、圆茶和饼茶等。

会间续水服务还需注意以下几点:

(1)为客人倒水前,服务员应当先洗手消毒,在会议繁忙期间更应按程序服务,不能随意省略工序。

(2)续水时,视会场布置情况,主要采取两种站位:一是从客人侧后方服务,主要适用于一字台形。服务员一般用左手拿续水壶,把右腿伸入两张相邻座椅的空当处,侧身,腰略弯曲,用右手从客人侧后方取水杯;二是面对客人服务,主要适用于按课桌式台形布置且前后两排座椅相距空间较大的会场。服务员一般用右手拿续水壶,在客人面前服务,稍侧身,用左手取水杯。

(3)为就座在沙发上的宾客上茶,宜采用蹲姿服务。即离茶几约30厘米处右脚向前迈一小半步,采用高低式蹲姿,依客人的座次先后依次进行服务。蹲姿的具体要求是:左脚在前,右脚稍后,左脚完全着地,小腿基本垂直于地面,而右脚前脚掌着地,脚跟提起,右膝须低于左膝,右膝内侧可靠于左小腿内侧,形成左膝高右膝低、臀部向下的姿态。此时,女服务员应靠紧两腿,男服务员则可适度地分开。采用下蹲姿势服务时,应注意上身尽量保持正直,同时应与宾客保持一定的距离,并在宾客身旁侧身下蹲,以示文雅。

(4)从客人侧后方服务时,用右手小指和无名指夹起杯盖,然后用大拇指、食指和中指握住杯把,将茶杯端起,转到客人身后,倒水,盖上杯盖。

(5)倒完水,在相邻而坐的客人肩隙间,将茶杯端放在茶垫上。

(6)上茶时,一般要把杯把儿朝向宾客右手一侧。如果发现客人是左撇子,要适时调整服务程序,将杯把儿转向客人左手一侧。

(7)第一次续水一般是在会议开始后30分钟左右进行,以后每隔40分钟左右为客人续一次茶水。具体续水次数要视会场实际情况而定,不可太教条。杯中无水是极其不礼貌的。

(8)续水时,如果客人用手掩杯,表明其不需要添水,则服务员不必再续水。

(9)水倒八分满为宜。

(10)服务中要动作轻盈,不能挡住与会者的视线。

3. 茶水服务的"四要"、"四忌"

(1)要检查茶叶的品质是否正常;切忌冲泡有异味或夹带杂物的劣质茶。

(2)要检查茶具是否已经洗涤消毒;切忌用沾满茶垢的杯子敬茶,茶叶不要直接用手抓取。

(3)要用刚沸的开水泡;切忌用隔夜开水泡茶。

(4)要双手恭敬地端茶杯,和颜悦色地说声"请用茶";切忌一只手送茶或用手握杯口端茶。

小贴士

2010年3月7日,全国政协十一届三次会议第二次全体会议在北京人民大会堂举行,主席台上的服务员以手势倒数"3、2、1"来指挥女服务员加水服务,精确到秒。

这次大会的主席台上,除了委员们引人瞩目外,就要数这些在主席台上倒茶水的女服务员了,她们不但服装统一,而且一举一动都整齐划一。14个服务员分为两组,端着热水瓶同时从左右两边出现,然后再从中间向两边分开,给委员们一一添茶倒水。每场会她们都要上台添加三次茶水。因为动作规范和着装得体,她们每次出现,都会让摄影记者们咔嚓咔嚓地拍个不停。

三、茶歇服务

1. 茶歇服务方式及种类

现在国际上通行的做法是,超过4个小时的会议,都会安排专门的休息时间,在会议的间隙提供饮品,如咖啡、红茶等,也可以增加点心、水果等,称为会议茶点(Tea Break/Coffee Break/Refreshment Break)。

 小贴士

茶歇概念的由来

美国的心理学家华生最早提出了"Break"即"工间休息"的概念,他认为"工间休息"非常有助于缓解工作压力。经常性的工间"茶歇"不但能调整不良的生理状态,缓解现代人普遍的心理压力,更能促进企业内部人际间的良好沟通。

茶歇服务通常要考虑以下要素:提供的食品饮料种类、茶点台的布置、茶点供应时间及服务方式、计价的方式等。一般会议中茶点服务采取自助式较多,在人数较少、规格较高的董事会议或贵宾服务中,茶点会采取与宴会服务同样的每人每份的服务方式。

相对来说,茶点的成本较低,附加值高,已成为很多酒店越来越重视的销售渠道之一,这也是缘于顾客对健康越来越关注的社会趋势。顾客对茶点的概念也不断随之变化。他们更希望在会议间隙能够饮用鲜榨的果汁、天然矿泉水,吃到各类坚果、粗粮,而尽可能地避免甜品、蛋糕、脂肪含量高的各种点心等。销售人员在茶点的安排上,既要考虑成本,又要照顾与会者的年龄层次、饮食习惯、宗教信仰、地方特色等因素,体贴细致的服务往往能够赢得主办方的称赞,为会议的成功举办锦上添花。例如,在2009年江苏无锡灵山举办的第二届世界佛教论坛上,主办方考虑到与会者的宗教信仰、饮食习惯等因素,在会议的间隙准备了灵山素饼、小番茄、胡萝卜、中国绿茶等素食,既体现地方特色,又尊重与会者的信仰与习俗。

在茶点供应的品种选择上,除考虑与会人员的习俗信仰与喜好外,不同时间提供的茶点在其口味、配料上也应该酌情考虑。在同一会议中有多次茶点服务时,应尽可能避免供应的点心或水果品种重复(见下表)。

同一会议中两次茶点品种搭配选择样本

时间段	茶点品种
Morning Coffee Break (9:15~9:35)	Chocolate Croissants 巧克力羊角面包 Milano Croissants 米兰羊角面包 BBQ Pork Puff 叉烧酥 Vegetable Bun 素菜包 Five Kinds of freshly home-made Cookies 各式精美小饼干 Freshly Brewed coffee, served with milk 现煮咖啡配牛奶 Assortment of the World's Finest Tea, served with milk 精选各国香茗配牛奶(2种口味茶)
Afternoon Coffee Break (15:30~15:45)	Mixed Mousse Shooters 杂锦慕思杯 Fruit Tart 水果挞 Vanilla Crème Brulee 香草奶油布丁 Five Kinds of freshly home-made Cookies 各式精美小饼干 Freshly Brewed coffee, served with milk 现煮咖啡配牛奶 Assortment of the World's Finest Tea, served with milk 精选各国香茗配牛奶(4种口味茶)

上表中,上午的茶点时间安排相对较早,提供的品种更接近早餐,包括了少量的早餐食物,可以为匆忙赶来参加会议的客人提供更多的能量;而下午的茶点品种则以点心、布丁为主,增加了饮料的品种,为客人缓解压力、提神放松提供了更多选择。

2. 茶歇服务的具体要求

茶点台摆放的首要原则是不会妨碍客人,这里不仅仅是指预定了茶点的与会客人,也要照顾到同一楼层的其他会议客人。茶点台的摆放要根据茶点人数、场地的面积以及主办单位具体要求布置。茶点台要求用专用的台布、围裙布置,最好与会场内的会议或宴会用台布区分开。

大中型会议根据场地的使用情况,除摆放茶点台外,还可以在会场的周边区域放置部分高脚吧台,既可以疏散客流,又为客人会间交流提供方便。

布置茶点的场地要充分考虑到供应的食品品种,切忌放置太松散、摆放不合理造成人流拥挤排队甚至妨碍其他与会客人。

为保证会议场地的美观有序,设置在会场外的茶点台最好在客人进场、会议开始后进行摆放,而设置在会场内、在会议期间持续供应的茶点台,至少在会议开始前二十分钟将所有的物品准备完毕,避免影响会议的进行。

一般根据预订的具体人数准备咖啡或红茶杯(或按照超过预定人数3%～5%的数量准备杯子)。小型的茶点可以将咖啡或红茶杯放在保温桶内。在领用点心、水果前应清点核对数量;咖啡勺、水果叉整齐排列放在折叠好的口布内,勺把朝外,方便客人拿取,点心夹置于点心盆的外侧;牛奶,按每壶咖啡/红茶配500毫升牛奶的比例准备,牛奶盅按每20人一盅的标准配备;茶点一般提供三种糖——白糖、黄糖、健康糖,以照顾到不同口味和健康状况的客人;应在咖啡、红茶、牛奶、糖以及点心前摆放中英文标识;如有清真食品应尽量分台摆放。

茶点服务多采取自助服务的形式,服务人员应及时用托盘收走客人使用过的杯子和点心盘;随时注意饮料、点心的供应情况;及时补充牛奶、整理餐巾纸等。为客人倒咖啡、红茶时应以6分满为宜,以方便客人添加牛奶、糖等配料。

国际惯例是以摇铃的方式提醒客人茶点时间结束,茶点台的清理工作一般应在客人入场后再进行。

客户使用茶点的种类及喜好是非常重要的客史档案内容,宴会与会议统筹人员应及时记录客人的喜好,不断从细微之处着手,提供更体贴及有针对性的会议服务。

会议茶点布置

四、会见厅服务

会见是国际交往中常采用的礼宾活动形式,一般也称接见或拜会。

身份高的人士会见身份低的,或主人会见客人,一般称为接见;身份低的人士会见身份高的,或客人会见主人,一般称为拜会或拜见。我国一般统称为会见。

会见的性质有礼节性的、政治性的、事务性的,或兼而有之。礼节性的会见时间较短,一般15分钟左右,话题较为广泛;政治性会见一般涉及双边关系、国际局势等重大问题,一般在30分钟左右,会见后如有必要,接下来会有详尽的会谈;事务性会见则有一般外交交涉、业务商谈以及经贸、科技及文化交流等,一般为45分钟左右。

1. 会见服务的准备工作

会见服务的准备工作包括:明确任务、布置会见厅、准备好所需物品、搞好清洁卫生、做好摆台。

(1)明确任务

首先需要了解会见的时间、地点,宾客行走的路线,参加会见的总人数,有哪些主要领导出面,会见对象的国籍、习俗等。

还需要了解主办方对布置形式上的特殊要求,熟悉招待规格、标准等。

(2)会见厅的布置

会见厅的布置应根据参加会见的人数、规格及厅室的形状及面积来确定。厅内的光线和温度,应根据实际情况和主要宾客的要求而定。一般以夏季24℃~25℃、冬季20℃~22℃为宜。

(3)准备好所需物品

应提前一小时准备好会见服务所需物品,如鲜花、麦克风、国旗及茶水用具等。

(4)清洁卫生

各种服务用具要严格进行消毒、烫洗,达到卫生安全标准,由专人负责保管。要对会见所使用的场地,进行全面、彻底的卫生清洁和安全检查,达到卫生要求的标准。

(5)做好摆台

摆台前检查所有茶具,如有破口、裂缝的要及时调换。摆台时,先摆放便笺、铅笔,便笺摆在茶几的外侧、茶几横面中间。铅笔摆在便笺内侧,铅笔的商标朝上。茶盘放在茶几内侧,茶几两边一边一个,盘边距离茶几边沿约2cm,盘上的图案相对应,并放上垫盘小毛巾。摆台完毕后要认真检查一遍,防止遗漏和出错。

2. 会见厅的座位安排

会见通常安排在会客室,根据实际情况,有时候宾主各坐一边,有时也可以穿插坐在一起。根据我国的礼仪习惯,客人一般坐在主人的右边;译员、记录员安排坐在主人和主宾后面;其他客人按礼宾身份顺序在主宾一侧就座;主方陪见人在主人一侧就座。

国家元首会见还有其独特的礼仪程序,如双方简短致辞、赠礼、合影等。规模较大的会见可布置成会议形式。礼宾排列次序,主要是依据身份与职务的高低,如国家元首、副元首、政府总理、副总理的顺序。

3. 会见服务的服务规程

参加会见的主人和主办单位联系人,一般在会见前1小时到达活动现场。这时,服务员要为其上茶,一般情况下用小茶杯即可。现场服务的负责人,要及时与主办单位联系,询问外宾的住地、出发时间和到达时间,届时沏茶。

当宾客到达时,服务员要利用主人到门口迎接的间隙,迅速将茶几上的小茶杯撤走,整理好茶几上的物品和沙发上的靠垫。然后,用茶杯上茶,杯把手一律朝客人的右手一侧。

宾主入座后,一般由两名服务员,从主要的外宾和主人处开始递毛巾。毛巾可直接递到主宾的手上。递毛巾时要热情地道"请"。如果是一名服务员递毛巾,要先从外宾处开始,然后再递给主人。如果有两名服务员,则递给外宾的服务员,动作要先于另一名服务员。宾客用完毛巾,服务员要及时收回,以保持台面整洁。递毛巾时,要注意不要影响记者拍照和摄影、摄像。如果会见中招待冷饮,上完毛巾后接着上冷饮,其礼宾程序与上毛巾相同。上冷饮时,托盘中的冷饮品种要齐全,摆放整齐,请宾客自选。

会见进行中间(单独的绝密会谈除外),要有一名服务员,在适当位置观察厅内情况。宾主有事招呼,要随时应承,及时处理。如有宾客去盥洗间,要为其开门、指路,待宾客走出盥洗间后,要递上热毛巾。

会见期间续水,一般15~20分钟左右续一次。但也要根据宾客喝水的情况而定。续水一般用小暖瓶,并带块小毛巾。续冷饮可直接用冷饮容器。续水、续冷饮的礼宾程序要与上毛巾相同。

会见结束后,要及时把厅室门打开,并对活动现场进行检查。发现未熄灭的烟头要及时熄灭,如发现宾客遗忘的物品,要立即送归原主。如果宾客已离开,可交主办单位工作人员代为转交。

负责后台工作的服务员,要在会见前把毛巾蒸好消毒,各种用具放在适当的位置上。在外宾到达前15分钟,往茶杯放茶叶并点上一点开水润茶,5分钟后开始沏茶,以八分满为宜。当前台服务员上茶时,应把毛巾取来,放在托盘内,毛巾的对角要一致。如果毛巾太热,可抖一下散散热。毛巾用完后,要及时洗涤晾干。会见后,要把所有物品收藏好,茶具烫洗干净,分类存放。清扫垃圾,仔细检查后,方可离开工作现场。

五、会谈服务

会谈是指在正式访问或专业性访问中,双方或多方就某些重大的政治、经济、文化和军事等共同关心的问题交换意见。会谈也可以指洽谈公务和业务谈判。

1. 会谈服务的准备工作

(1)明确任务

参加会谈的双方或多方,其主要领导人的级别、身份原则上是对等的,所负责的事务也是对口的。

会谈的内容一般来说,政治性和业务性都较强,也较为保密。代表团身份和规格很高的国事会谈,还要悬挂双方国旗。

(2) 准备会谈用品的配置

记事便笺放在每个座位前桌面的正中,便笺的下端距桌面的边沿约5cm。

紧靠便笺的右侧摆放文具,便笺的右上角摆放一个饮品垫盘,盘内垫小方巾,以避免端放时,发出声响。便笺、垫盘、文具等物品的摆放要整齐划一,均匀协调。

有时为了增加会谈桌上摆设的美感,还可在桌子的中轴线上摆几组插有鲜花的花瓶或花盘,花枝不宜过高,以不遮挡双方的视线为宜。

如果是国事会谈,中、外双方主要领导人面前的桌子要摆两国国旗,或在厅内上侧桌前处竖两国国旗。

2. 会谈的座位安排

双边会谈通常用长方形、椭圆形或圆形桌子,宾主相对而坐,以正门为准,主人在背门一侧,客人面向正门,主谈人居中。如会谈桌呈一字形摆放,主人应该在背向正门的一侧就座。如果呈竖一字形布置,以进门方向为准,客人座位位于右侧,主人位于左侧。翻译人员安排在主持会谈的主宾和主人的右侧,记录员一般是在会谈桌的后侧另行布置桌椅就座。如参加会谈的人数较少,也可以安排在会谈桌前就座。

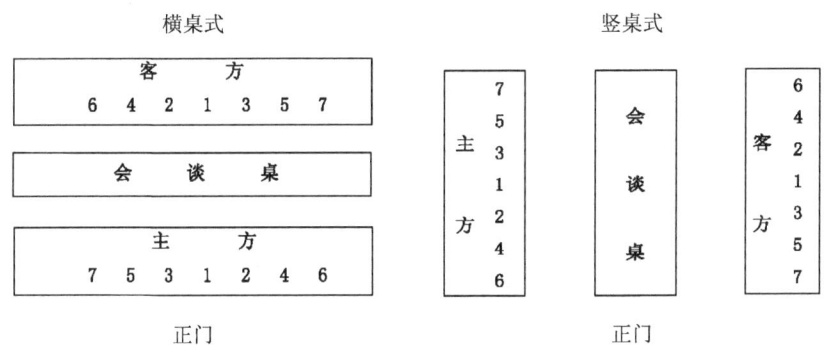

3. 服务程序

当主人提前到达活动现场,应迎至厅内周围的沙发上就座,用小茶杯上茶。在主办单位通知外宾从住地出发时,服务员在工作间内将茶杯沏上茶。当主人到门口迎接外宾时,把茶杯端上,放在每人的茶杯垫盘上。宾主来到会谈桌前服务员要上前拉椅让座。当记者采访和摄影完毕,服务员分别从两边为宾主双方递上毛巾,先给主要宾客递上,然后按礼宾程序进行。宾主用后,应立即将毛巾收回。

会谈中间如果上牛奶、咖啡、干果等,应先把牙签、小毛巾(叠成长方形)、奶罐垫盘、咖啡杯垫盘上桌,然后把已装好的糖罐、奶罐(加勺)、干果盘依次上桌。

会谈活动一般时间较长,可视宾客用水的情况,及时续水、续换铅笔等。如果会谈中间休息,服务员要及时整理好座椅、桌面用品,续水、增补便笺、铅笔等。在整理时,注意不要弄乱会谈桌上的文件、簿册等。

会谈结束时,要照顾宾客退席,然后按工作程序做好收尾工作。

六、签约服务

在涉外交往中,有关国家的政府、组织或企业单位之间经过谈判,就政治、经济、文化、科技等领域内的某些重大问题达成协议时,一般需举行签约仪式。

1. 签约仪式前的准备工作

(1)要布置好签字厅,并做好有关签字仪式的准备工作。在我国举行的签字仪式,必须在事先布置好的签字厅里举行,绝不可草率行事。

(2)要确定好签字人和参加签字仪式的人员,签字人由签字双方各自确定,但是签字人的身份必须与代签文件的性质相符,同时双方签字人的身份和职位应当大体相当。

参加签字仪式的人员通常有签字人、助签人和出席签字仪式的人员。

签字人是代表一个国家、政府或企业进行签字的人员,所以,签字人的选择十分关键,签字人应视文件性质由缔约各方确定。有由国家领导人签字的,也有由政府有关部门负责人签字的,如不是国家级的项目,是地区之间、部门之间的协议,则由地区、部门负责人签字。但不管是哪一级,双方签字人的身份都应大体相当。

助签人的职能是洽谈有关签字仪式的细节并在签字仪式上帮助翻阅与传递文

本、指明签字处。双方的助签人由缔约双方共同商定。

出席签字仪式的人员应基本上是参加会谈或谈判的全体人员。如一方要求让某些未参加会谈或谈判人员出席签字仪式,应事先征得对方同意。但应注意双方人数最好大体相等。不少国家与企业为了表示对签字仪式的重视,往往有更高级别或更多领导人出席签字仪式。

(3) 要安排好双方签字人的位置,并且议定签字仪式的程序。

各国举行签字仪式的安排不尽相同。有的国家设置两张方桌为签字桌,双方签字人员各坐一桌,双方的小国旗分别摆放在各自的签字桌上,参加仪式的人员坐在签字桌的对面;有的国家安排一张长方桌为签字桌,但双方参加仪式的人员坐在签字桌前两旁,双方国旗挂在签字桌的后面。

我国的惯例是:东道国签字人的座位应位于签字桌左侧,客方签字人的座位位于签字桌的右侧。双方的助签人员分别站立于各方签字人的外侧。

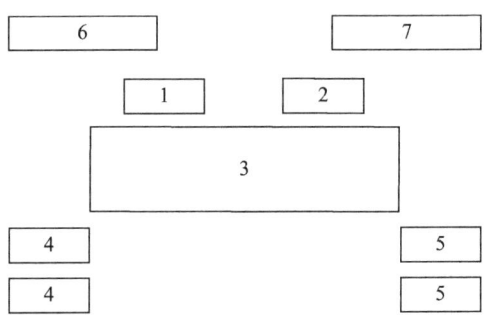

签字图

(1 客方签字人席位　2 东道国签字人席位　3 签字桌　4、5 参加签字仪式人员席位　6 客方国旗　7 东道国国旗)

2. 签约仪式的种类

(1) 从礼仪的角度考虑,国家间通过谈判,就政治、经济、科技、文化等某一领域内的相互关系达成协议,缔结条约或公约时,一般都举行签字仪式。

(2) 当一国领导人访问他国,经双方协定达成共识,发表联合公报,有时也要举行签字仪式。

(3) 各地区、各部门在与国外交往时,通过会谈、谈判和协商,最终达成有关合作项目的协议、备忘录、合同书等,通常也要举行签字仪式。但各国业务部门之间签订的专业性协议,一般不需举行这类签字仪式。

3. 签约仪式的流程

签约仪式是签署合同的高潮,它的时间不长,但程序规范、庄严、隆重而热烈。

签约仪式基本流程如下：

（1）签约仪式正式开始；

（2）签约人正式签署合同文本；

（3）签约人正式交换已经有关各方面正式签署的合同文本；

（4）饮香槟酒。

4. 签约仪式的服务规程

宾客到达后，主方领导人及出席人员迎上前握手，然后陪同步入签字大厅。服务员要主动上前为签字人员拉椅让座。这时双方代表分别站在各自签字代表的身后。开始签字时，前台服务员站在签字桌两头等候，准备签字后撤椅子。如遇高级的签字仪式，分别站在签字台两侧约3米处，准备上酒。

涉外签字一般有两种文本，当签字人员在一种文本上签完后，由双方助签人员交换文本，当交换的文本签完后，双方签字代表站起来正式交换，互相握手时由两名服务员上前迅速将签字椅撤除。随后，托端香槟酒的服务员立即跟上，分别将酒端至双方签字人员面前，请其端取，接着从桌后站立者的中间处开始，向两边依次分送。在宾主举杯祝贺，并干杯后，服务员要立即上前用托盘接收酒杯，照顾签字代表退席。

七、代表会议

这类代表会议的特点是：规格高，场面隆重；政治性、保密性强，议题广泛；会场使用范围广，持续时间长。一般提前半个月或一个月接到任务通知，然后着手进行会前准备工作。

1. 会前准备工作

接受任务后，要向有关单位详尽了解出席会议的人数、开会时间、会议日程、场地安排等具体要求，并将了解的情况及时、详细地通报有关单位，着手进行各项准备工作，可以抓住以下几个主要方面：

其一，制订切实可行的实施方案。要借鉴以前的业务资料，吸取那些已被实践证明可行的方法和经验；在借鉴已有经验的基础上，不断了解新情况、新的要求和变化，研究新问题，制定相应的对策和措施，以利于在服务工作中争取主动；充分研究会议需要的人力和物力情况，对短缺的人力和物力要及时向有关方面写报告增补。

其二，物质准备和人员分工。对沙发、椅子、桌子、茶几、地毯等物品进行全面检查，坏的要及时修理，缺少的给予补充。统计、检查各种茶具、暖水瓶、毛巾等各种服务用品，按计划用量增添短缺用品，保证有充分的物品满足会议的需要。实行定岗、定人员、定任务的三定岗位责任制。

其三，清洁卫生和安全工作。意识到大会服务工作和安全保卫工作的重要性，明确会议服务工作的纪律和要求。大会使用的场地，行走路线、周围环境等场所，均要进行全面细致的清洁卫生工作，并达到卫生标准。对与会议有关的场所、设备、建筑、陈设等，除自己要进行全面的安全检查外，还要请公安消防、建筑设计及其他有关部门会同有关单位进行联合安全检查,挪除易燃物品，确保大会的安全。

其四，参加会前专题培训，熟悉岗位职责。会前所有现场工作人员都要按分工提前进入工作岗位，参加本岗位业务培训，熟悉岗位环境，了解工作职责和岗位服务规范。

2. 服务规程

（1）会间茶座服务

茶座，即落座、饮茶，与会者可以随便走动，自由畅谈。做好茶座服务工作要严格执行下列程序和规范：

搞好场区座椅、沙发、茶几、厅廊地面和厕所的卫生。铺设地毯，清洁果皮箱，创造一个文明、卫生的环境。

根据茶座招待服务需要，领取棉织品、茶具、烟具和招待用品。

烫洗茶具要坚持用清洁剂洗、"氯氨T"消毒、开水烫和净布擦等四道工序，保证达到安全、卫生标准。

着装统一，仪表整洁，在大会入场前一小时上岗。铺设台布，以主席台的方向为主，台布的"十"字折纹取直、对正。周围垂下的桌布长短均匀。摆放茶壶、茶杯。茶壶居桌中，花色图案向着主座，壶嘴向左，壶把向右；茶杯在茶壶周围依次摆成圆形，杯把朝顺时针方向；壶、杯下均加垫盘，茶杯扣放在盘上。毛巾盘放在茶壶右侧。整个场面摆设整齐划一。

茶几上的茶具均放在垫盘上，并放在茶几内侧。杯把向左成直线，茶壶花色图案面向座位，壶把手在右边，壶旁放毛巾盘，两个烟碟分别摆放在茶壶的两边。

入场前半小时服务员开始打开水，饮水处的服务员准备好热茶、温茶和凉开水。

开会前15分钟茶座斟开水。

供水的服务员，要及时检查各饮水处的用水情况，保证茶水的供应；在运输途中要避让与会者。在人群中穿行，要先打招呼，如"请让一下"、"劳驾"等，然后再通行。

负责烧水的人员，要坚守岗位，保证水源充足和安全。

（2）会场内服务

整理抽屉，擦座椅、地板、地毯吸尘，搞好场内卫生。保持温度适宜，空气清新。

按要求摆好指路牌和带有各种标识的牌号。

入场前一小时，统一着装，仪表整洁入岗，站位时一般在各走道的一侧，面向与会者。

指路时右手抬起，拇指与其余四指自然分开，四指并拢，手心向着客人，示意所指方向说"请走这边"或"请走那边"。

熟悉场内区域座号，主动为与会者引座，做到准确无误，主动搀扶、照顾年老体弱者入座、站立、投票等。

大会开始，站到工作位上，站姿端庄、大方，精力集中、认真观察场内动静，如有行动不便的与会者站起，要迅速前往照顾。换班休息时，动作轻稳，迅速离开。无关人员一律劝其退场，保持场内秩序井然。

会见休息或休会时，要及时打开门窗，按规范要求站立到自己的岗位上，照顾与会者出入或退场。

与会者退场后，按分工划分的责任区域认真仔细进行检查，擦桌面，理抽屉，如发现遗落的物品，要记清座排号码，及时上交和汇报。

认真搞好当日的卫生收尾工作，妥善收存各种牌号，做好次日大会的准备工作。

（3）主席台服务

搞好主席台上的卫生，理擦抽斗、擦桌椅、擦地板，保持清洁。

明确主席台总人数和各排人数、主要领导的座位和生活习惯及招待标准、工作要求。

按人数配齐茶具、棉织品、席位卡、文具等。认真烫洗茶具，严格消毒，达到安全、卫生标准。

穿好工作服，着装统一，仪表整洁，入场前一小时上岗，检查桌椅，摆放垫盘、茶杯（加好茶叶）、毛巾盘、席位卡、便笺、铅笔，要求距离一致、整齐划一。

垫盘、茶杯的花色图案要对正主人，茶杯把手向里，略有斜度（一般不大于90度和不小于45度）。

如果主席台服务过程中要提供毛巾，则毛巾的叠法应一致，摆放整齐。

会前30分钟，从最后一排的服务员开始，按顺序排队，统一进入场内。倒水时步态平稳，动作协调，左手小拇指与无名指夹住杯盖，中指与食指卡住杯把，大拇指从上捏紧杯把，将茶杯端至腹前，右手提暖瓶将水徐徐斟入杯中，八分满为宜。然后将杯子放到垫盘上，盖上杯盖。

会前20分钟，统一检查茶杯。检查时用右手指的背面轻轻靠一下杯子，即可知道是否有水，发现空杯、裂杯和渗水的杯子要及时处理。

会前10分钟，按各自分工各就各位，照顾与会者入场、就座。对行动不便的与会者要帮助戴好耳机。

第一次30分钟续一次水，以后每40分钟续一次水，也可根据各地习惯的不同，适时续水。会议进行中，舞台两侧各设一人观察台上情况，处理应急事务。对中途退场或上厕所的与会者,要跟随照顾。

收尾工作按顺序进行,撤杯盖,倒剩茶水,收茶杯,擦收垫盘,收回毛巾、名签座,并做好下次大会的准备工作。

八、座谈会服务

座谈会是人们为了交换意见及看法或为了纪念某一特殊日子及时间而进行的一种会议形式。会议规模不大,与会者人数不多。

会前要求服务人员将会场布置成带有漫谈气氛的场所。有些形式的、高规格的座谈会需要悬挂横幅,说明会议主题。座位一般摆为圆形、椭圆形、回字形等。如有必要,还应根据主题布置鲜花、盆景等。

服务内容:

1. 会前30分钟,准备好茶水、毛巾等,并调节好空调设备与灯光。
2. 勤添茶水,注意与会者是否有其他需要等。
3. 先撤下茶水毛巾,然后清扫、整理场地,最后关闭电源及门窗等。

九、工作会议

工作会议一般指各类领导机关或事业单位讨论或研究某项工作或任务的会议。这类会议的规模一般不大,与会人员也不是太多。

会场的布置包括会场四周的装饰和席位的配置。较重要的会议,根据需要可在场内悬挂主题横幅,门口张贴欢迎和庆祝标语,会场可摆放适量的青松盆景、盆花。桌面上的茶杯、垫盘等,应擦洗干净,摆放整齐。

座席的配置要适合会议的风格和气氛,讲究礼宾次序,主要有以下几种形式:

1. 圆形桌。可以使用圆桌或椭圆形桌子。这种布置方便与会者同领导者一起围桌而坐,从而消除不平等的感觉,适用于10~20人左右的会议。

2. 口字形。用长方形桌围成一个很大的口字形。这种形式比圆桌型更适用于人数较多的会议。

比较严肃正规的会议,为突出与会者的等级,表现最高领导者的权威性,也可采用口字形安排,但中心在一头。

有些重要会议,为体现东道主与来宾平等相处和对来宾的尊重,虽然也采用口字形配置,但中心在两面。

会议开始前30分钟,应将会场的进出门敞开;灯光调节至开会所需的照度;出席会议的人数不多时,为每一位与会者备好茶杯,放上茶叶并倒入开水;与会者较多时,为主席台上的人员备好茶水;调好扩音设备;如果季节需要,调节好空调、通风等设施。

会议进行时,根据会场情况,随时添加茶水,并时刻注意会场的需要,提供相应的服务。

十、典礼仪式服务

典礼主要有开幕式、闭幕式和颁奖仪式等。开幕式、闭幕式是各种会展活动正式开始前和结束时的礼仪和庆典活动。通过开幕式、闭幕式,可以起到扩大社会影响、提高社会知名度、树立主办单位良好社会形象的作用。

开幕式、闭幕式一般在活动现场举行。现场可摆放花篮、悬挂彩旗和标语,可根据内容需要播放音乐、表演舞蹈、奏琴鼓瑟,以体现热烈隆重的气氛。时间较长或规模较大的开幕式和典礼,可设主席台并摆设座位;时间较短或规模较小的,一般站立举行,但事先应划分好场地以便维持现场秩序。主持人、致辞人和主要贵宾应面向群众代表。如场面较大,应安置扩音设备。

涉外的重要开幕式,还应悬挂有关国家的国旗。

签到是开幕式、闭幕式的重要环节,既表示对来宾的欢迎,又可以留作纪念。

一般用薄式签到簿,签到处要设有醒目的标志,并安排礼仪人员接待。庆祝性的开幕式典礼还要给来宾和领导准备胸牌和胸花。

会标设计要与会场大小相协调,色彩要与主题相一致。会标的文字一般应当揭示活动的主题,也可反映主办单位和活动的日期。

开幕式、闭幕式现场服务要注意以下细节:

(1)明确现场工作人员及分工,落实现场总指挥、礼仪人员、安保人员和接待人员等。

(2)特殊活动议程和相应礼仪物品的准备及人员安排。

(3)领导和贵宾的排序及其姓名、职务等信息的核对。

(4)确定致辞人、剪彩人的次序及站位。

(5)音响、乐队、礼花等的配置。

(6)嘉宾签到簿、胸花、剪彩用品、公关礼品的准备与核对。

十一、新闻发布会

新闻发布会又称记者招待会,是政府、企业、社会团体或个人把各类新闻机构的记者召集在一起,发布有关组织信息,并接受记者提问的一种特殊形式的会议。

酒店承办新闻发布会时,会务服务员应热情照顾记者饮水,注意续添桌上的饮料,及时收回空瓶。在招待会开始前10分钟,把茶水摆好。照顾好主席台人员入座后,退到厅内两侧。

记者招待会一般时间不长,服务程序也较简单。需要注意的是,当主持人入场时,要协助主办单位人员疏通走道,同时要防止记者抢拍镜头而碰到厅内陈设和用具。招待会结束后,要立即清理现场,做好善后工作。

 小贴士

茶话会服务

茶话会因其优点众多,为社会各界广泛采用。会议多设圆桌椅子,自由入座,不排座位。茶点应根据接待单位规定准备,一般只供应咖啡、红茶、绿茶、中西式点心、糖果、可乐。会议进行中,客人边吃边谈,服务人员要随时观察客人对饮料的需求量,一般半小时添加一次,整个会议过程添加两三次即可。茶话会进行一半和临近结束时,应各分送小毛巾一次。

十二、衣帽寄存服务

衣帽寄存服务是许多会议中的必要服务环节。小型会议可以摆放可移动的衣帽寄存车,供客人自取;而大型会议应设立专门的衣帽寄存处。在实际操作中,很少有酒店在设计时预留特定的区域作为衣帽寄存处,通常可以根据会议的规模、季节、气候等因素在会场附近临时设立,或利用场地附近的储物间作寄存处。衣帽寄存的原则一是寄存处不要搭建在会议结束后客人离场的通道上,以免妨碍通行;二是提醒客人贵重物品寄存在酒店的保险柜内。

(1)准备工作:首先要根据会议的人数准备适量的衣帽车、衣帽架、衣帽牌。将已经编好号的衣帽牌一式两联准备好。客人寄存衣帽时,将其中的一联撕下交给客人,另一联与寄存物品一起挂在衣帽车上。

(2)取衣帽:客人领取衣物时,要仔细核对号码,找到衣帽并与客人确认无误后,将客人手中衣帽牌取回,将寄存物品交还客人。若客人寄存的是大衣、外套,在递取衣物时要格外小心,一手提住衣领,另一手托住衣物的下半部分,防止口袋内的物品滑落。

(3)服务注意事项:首先客人存放的衣帽等物品一定要挂牢,牌子放在显眼处,便于核对,同时寄存衣帽时应该从最里面的衣帽车开始挂衣物,避免来回走动碰掉外面衣架上的衣物,造成差错。若衣帽掉落,号码牌遗失,不可凭感觉或想象随意悬挂,应放在一旁,记住大概位置及周围号码,待客人取衣帽时,仔细核对。若客人的衣帽牌丢失,服务人员不要急于按客人所描述的衣物归还,应该尽量安慰客人,待会议客人寄存物大致取完后,确认是客人物品并请其留下姓名、地址等详细信息方能取走。

【能力检测】

1. 请阅读以下材料,并回答问题。

材料一:某酒店承办了一次公司年会,服务员小王在排主席台座位的时候,从左到右依次摆上了董事长、总经理、副总经理甲、副总经理乙、工会主席的席卡。

问题:

(1)小王排的主席台座次顺序对不对?

(2)假如你是小王,你会怎样排座?

材料二:在东南沿海某四星级酒店将举行一场小型会议,接待员把与会者引领到大堂边的一个金碧辉煌的接待室,等候总经理会见。落座后,服务员在与会者面前的茶几上为每位客人摆上茶杯,然后用手从茶叶筒里取出茶叶,依次放入每个茶杯中,再用暖水瓶往杯子里倒水。5分钟后,服务员尚未把滚烫的开水倒完,总经理来了,干渴的与会者没喝上一口水就离开前往会议室了,茶水服务以失败告终。

问题:

请分析这次茶水服务失败的具体原因。

材料三:世界翻译家大会的闭幕式正在进行,会议气氛热烈。两位代表发言后,开始进行大会的最后一项也是最为重要的一项议程:签约仪式。场馆服务负责人早已经把签约桌及签约文件等准备好,助签人员的服务要求也交代清楚。主持人宣布签约仪式正式开始,签约双方入座后,没有背景音乐,会场一片安静,持续了将近两分钟,直到主持人提议与会者用掌声庆祝合作成功,会场仿佛又回到了之前的热烈氛围。

会后,主办方找到统筹人员,抱怨酒店服务不周到,在签约过程中现场氛围太冷清。负责会议协调的小周也觉得签约过程的安排似乎不妥,但他一时还找不到问题的关键。

问题:

你认为在此次签约过程中,有哪些环节是小周没有考虑到的?你怎样设计一个签约流程?

2. 按照会务服务员接待标准模拟进行茶水服务:

用具准备:茶叶、茶杯、托盘、杯垫、暖水壶

要求:

根据评价表进行小组间的自评和互评。

评价表

	第1组	第2组	第3组	第4组	第5组	第×组自评
泡茶准备						
引领入座						
托盘端茶						
礼貌用语						
操作姿态						
评价等级分为：A.优秀, B.良好, C.及格, D.尚需改进						

3. 某次会见的主要信息如下：

主办方	上海市教委职教科
客方	法国第戎职业学校校长等一行8人
特殊要求	插花、两国的国旗

问题：

想一想，根据上述信息，服务员需要准备哪些会议用具和设备？

	内容
用具	
设备	

4. 假设将要进行某次双边会谈服务，主客方信息如下：

主办方	上海市教委职教科
客方	德国柏林教委的职业教育专家一行6人

问题：

让我们一起想一想该怎样摆放宾主的桌椅？

5. 同学之间相互扮演与会者与服务员，完成一次衣帽寄存服务。

（用具、物品准备：一件西装、一件大衣、帽子、手套、衣架、衣号牌、衣帽架或存衣柜）

要求：

根据评价表进行小组间的自评和互评。

第三单元 体验会务现场服务

评价表

	第1组	第2组	第3组	第4组	第5组	第×组自评
礼貌问候						
征询语						
存衣帽						
取衣帽						
礼貌道别						
评价等级分为:A.优秀,B.良好,C.及格,D.尚需改进						

项目三　会后服务

【学习总目标】
- 掌握会场清洁的基本要求
- 了解会议服务客史档案的重要性
- 掌握如何正确处理突发事件

【学习分目标】
- 掌握会议后场地清洁要求及注意事项
- 了解会议客史档案的内容及作用
- 了解会议客人投诉处理的原则
- 了解会场内的安全消防要求
- 了解会场服务区域紧急事件的处理程序及注意事项

【学习情境】

2006年12月12日,中国共产党江西省第十二次代表大会结束后,会场工作人员主动搀扶代表会上年纪较大的代表走出会场。其人性化的服务博得现场代表们的一致好评。(资料来源:http://jiangxi.jxnews.com.cn/)

会议服务不以会议结束为工作的终点,热情的服务、周到的关怀要延续到会后和场外,这样的服务才算完美!

下面就让我们一起来"善始善终"地完成会后的服务工作吧!

【学习任务】

一、会场清洁

会场的清理工作主要集中在物品的收取整理、场地的清洁及设施设备的检查等方面。具体如下:

1. 清理桌面,倾倒茶水,收集茶杯,清洗、消毒备用;
2. 更换必要的物品,如小毛巾、桌布等;
3. 清洁地面;
4. 如有必要,可以做好下一次会议的准备和布置;
5. 指路牌等标志的撤收整理工作;
6. 检查电气设备如同声传译设备、空调、音响系统、照明系统、电脑、投影仪等的完好情况,并切断电源;

7. 撤除或更换会标、旗帜；

8. 拉好窗帘、关好门窗；

9. 引导、照顾与会人员的出入，安排好乘车的路线。

对于每次会议结束后会场的清洁状况，主管人员要有检查记录。如什么时间、在哪一个会场捡到客人遗留物品，具体的处理过程等。如果直接由客人领取，最好请其留下相关信息。对于重要会议留下的资料，要及时联络主办方咨询处理意见。清洁状况还应该包括会场内的背景板是否拆除或何时拆除，以方便下一班次的员工做服务准备。

二、建立客史档案

会议客史档案管理，是指对已经接待承办的会议的有关资料的收集、整理、存档以及再利用的一整套措施。

完整的客史档案不仅有利于开展个性化服务、提高客人满意率，而且对搞好客源市场调查、增强企业竞争力、扩大客源市场具有重要意义。

会议客史档案资料的内容主要包括预订资料、设计资料、活动资料、效果反馈资料、总结资料等。

1. 预订资料

会议的预订一般是通过面谈、电话预约、信函预订、电传预订以及政府指令预订等方式完成的。无论哪种预订方式，都要留下记录或者填写会议预订表。预订内容主要包括：会议形式、接待标准、客房的安排、菜单、会议室或展览场地的布置要求、开始时间、会议规模、联系人姓名、联系人电话、预订金以及预订以后的确认等。预订资料以其原样保存下来，以便于会后为某些纠纷的解决提供原始的依据；同时也为会议营销、预订方式的改革提供第一手参考资料；此外，还可以通过对过去预订资料的比较，分析老客户的预订特点和规律，掌握这些老客户负责人、联系电话等的变化情况，以实施有效的会议预订。

2. 会议设计资料

会议设计资料主要包括会议设计的目的、会议设计的要求、会议场所设计、菜单设计、程序设计等内容。一个好的会议设计方案不仅对当时会议的成功举办起了十分重要的作用，而且对指导今后的会议设计也具有十分重要的意义，因此要作为重要资料留存。

3. 会议活动资料

会议活动资料包括以下内容：

(1) 会议举办过程中人员的安排；

(2) 会议场地的安排和布置；

(3)会议现场服务过程中登记、入住等程序的安排;

(4)会议开幕式程序及音乐曲目的安排与选用;

(5)会议活动的程序及其临时变更调整资料;

(6)会议现场偶发事件和应急处理情况的记录;

(7)会议主席台上领导、宾客座序及名单;

(8)会议活动拍摄的照片录像资料;

(9)配套活动(如文艺演出节目、服装表演等)的主要资料;

(10)主要来宾及知名人士的有关资料;

(11)现场观察到的贵宾的饮食爱好和兴趣的资料;

(12)宾客遗失物品及处理结果资料;

(13)账单资料。

这些会议活动资料应由专人负责收集和整理,并连同其他会议资料一起建档留存。

4. 效果反馈资料

会议效果反馈资料包括三方面内容:

(1)宾客对会议的表扬意见。这是鞭策和鼓励员工继续搞好工作的动力,也是会议的成功之处,需要发扬光大。

(2)宾客对会议服务企业提出的改进意见。提出这种意见的人往往是见多识广的行家,或是老总的老朋友、老客户,对这类反馈意见一定要仔细倾听,认真记录,如确认是合理可行的,要敦促有关部门迅速予以落实和处理,并要在适当时候由总经理亲自致信或出面感谢。

(3)宾客的投诉。会议宾客投诉的情形十分复杂,有合理投诉,有不合理投诉;有质量方面的投诉,有价格方面的投诉;有书面投诉,有口头投诉;等等。不论是哪种性质、哪种方式、哪种原因的投诉,会议接待服务企业都要在处理之后做认真、仔细、如实的记录,作为重要的档案管理资料,为以后改进工作、教育新员工作参考。会议服务企业应该重视顾客的反馈意见,并将各种反馈意见收集存档,以便指导今后的工作。

5. 会议总结资料

一场大型的会议花费了大量的人力、物力,经过了众多人的共同劳动,无论是成功还是失败,总是有许多经验值得认真总结。会议总结资料一般由主管或会议接待经理执笔完成,比较全面、具体而又概括地总结会议活动的全过程,客观地分析会议活动的得失,对于今后会议设计具有重要的参考价值和借鉴意义。

三、正确处理客人的投诉

会议服务涉及面广,由于各个环节信息沟通的延迟或疏忽,难免会有一些地方让客户不满意而产生投诉,对此会务服务工作人员应该客观地、认真地听取客户的意见,及时处理客户投诉,给客户一个满意的答复,同时要注意维护本企业的合理利益。

1. 处理投诉的基本原则

(1)真心诚意地帮助客户解决问题;

(2)认真聆听,不与客户争辩;

(3)不损害本企业的合理利益。

2. 投诉的类型及处理方法

(1)对设备的投诉

尽管建立了比较完善的会前检查制度,但是空调、照明、供水、供电、视听设备、电梯等设备仍不能保证消除所有可能存在的问题。在受理此类投诉时,最好的方法是立即去实地观察,然后根据情况采取措施,事后还应该进行观察反馈,以确认客户的要求已得到满足。

(2)对突发事件的投诉

无法买到机票、车票,因天气的原因飞机不能准时起飞,酒店的客房已经订完,等等,都属于不可预计和避免的异常事件,一般很难人为控制此类事件的投诉。客户之所以投诉,主要是希望服务方能够帮助解决。对此,服务方应在力所能及的范围内帮助解决,如实在无能为力,应尽早向客人解释清楚。只要态度良好、解释合理,大部分客人是能谅解的。

(3)对服务态度和接待质量的投诉

粗鲁的语言,不负责任的答复,冷冰冰的态度,若无其事、爱理不理的接待方式,过分的热情,等等,都可能造成客户对服务态度的投诉。服务人员没有按照先来先服务的原则提供服务,或分错了房间,该准备的资料没有及时准备好,等等,均可造成对接待质量的投诉。

减少客户对服务态度与接待质量的投诉的最好方法是加强对工作人员的培训。大多数工作人员不是有意对客户无礼,有些员工甚至是好心办坏事,他们往往事先未曾预料到自己的接待服务方式会使客户不满。因此,对他们进行有关对客关系的态度、知识、技能的培训是非常重要的。

3. 处理投诉的基本步骤

(1)耐心倾听

倾听是一门艺术,可借此发现宾客的真正需求,从而获得处理投诉的重要信息。对待任何一个宾客的投诉，不管鸡毛蒜皮的小事件，还是较棘手的复杂事件，作为受诉者都要保持镇定、冷静，认真倾听宾客的意见，要表现出对对方高度的礼貌、尊重。不应也不能反对宾客提出的意见，应设法让宾客慢慢平静下来，为我们合理的解释和良好的处理提供前提条件。

(2)表示同情、理解并真诚致歉

如果你没有出错，就没有理由惊慌；如果你真的出错，就要勇于面对。宾客之所以动气是因为遇上了问题，若漠不关心或据理力争、找借口或拒绝，只会给对方的怒气火上浇油。应该充分理解宾客的心情，同情宾客的处境，用"由于这件事情的发生给您带来的麻烦，我感到十分抱歉"的语言来表示对宾客的关心，并适时地表示歉意，满怀诚意地帮助宾客解决问题。

(3)仔细询问

引导宾客说出问题的重点，有的放矢。在与宾客交谈的过程中，注意用姓氏加尊称来称呼宾客，心态一定要平稳，切忌受到宾客情绪的影响。如果对方知道你的确关心他的问题，也了解他的心情，怒气便会消减一半。

(4)记录问题

好记性不如烂笔头，应把宾客反映的重要问题记录下来。在听的过程中，可以把宾客投诉的要点认真地记录下来，细节问题要记录清楚，并适时复述，这样不但可以使宾客讲话的速度放慢，缓和宾客的情绪，还可以使其确信酒店对他反映的问题是重视的。这样的记录也是快速处理投诉的依据，为以后服务工作的改进作铺垫。

(5)解决问题

探寻宾客希望解决的办法，并征求宾客的同意。根据所闻所见，及时弄清事情的来龙去脉，然后才能做出正确的判断，拟订解决方案，与有关部门取得联系，一起处理。要充分估计解决问题所需要的时间，最好能告诉宾客具体的时间，不要含糊其词。

(6)反馈信息，听取建议

事后一定要将投诉处理情况、结果及时通知宾客，并真心听取宾客对处理结果的意见。

(7)表示感谢，礼貌结束

投诉处理完毕后，应询问宾客："您觉得这样处理可以吗？您还有别的要求吗？"如果没有，就宾客对酒店的关心向对方表示感谢，欢迎宾客对酒店提出意见及建议。

【能力检测】

阅读以下材料,并回答问题。

材料一:在一次金融公司会议结束后,主办方在结账时流露出对酒店设施设备使用不方便抱有意见。

问题:

作为客史档案员的你,遇到这种情况该如何处理呢?

材料二:王小姐是某会议中心的 VIP 客户,在网上预订了豪华会议厅。当引导员安排会议厅时,王小姐发现预订的豪华会议厅已有其他会议,不免内心焦急。在不安中等待了 15 分钟后,引导员终于为其解决了困难。这一经历使王小姐对会议中心的安排产生了不信任感。

问题:

请分析一下引导员在接待与会者时应怎样避免此类事情的发生。

附录 会议服务常见英语词汇及会话

一、会议服务常见英语词汇

1. 各种会议名称

assembly 大会
convention 会议
party 晚会,社交性宴会
at-home party 家庭宴会
tea party 茶会
dinner party 晚餐会
garden party 游园会
dance(party), ball, fandango 舞会
reading party 读书会
fishing party 钓鱼会
sketching party 观剧会
birthday party 生日宴会
Christmas party 圣诞晚会
Lunch on party 午餐会
fancy ball 化装舞会
commemorative party 纪念宴会
wedding dinner, a wedding reception 结婚宴会
banquet 酒宴
pajama party 睡衣派对
buffet party 立食宴会
cocktail party 鸡尾酒会
welcome meeting 欢迎会
farewell party 惜别会

pink tea 午后茶会

new years banquet 新年会

year – end dinner party 年终聚餐

box supper 慈善餐会

fancy fair 义卖场

general meeting, general assembly 会员大会

congress 代表大会

board of directors 董事会

executive council, executive board 执行委员会

standing body 常设机构

committee, commission 委员会

subcommittee 附属委员会,小组委员会

general committee, general officers, general bureau 总务委员会

secretariat 秘书处

budget committee 预算委员会

drafting committee 起草委员会

committee of experts 专家委员会

advisory committee, consultative committee 顾问委员会,咨询委员会

symposium 讨论会

study group 学习研讨会

seminar 讲习会,学习讨论会

meeting in camera 秘密会议(美作:executive session)

opening sitting 开幕会

final sitting 闭幕会

formal sitting 隆重开会

plenary meeting 全会

sitting, meeting 开会(美作:session)

session 会期,会议期间(美作:meeting)

working party 工作小组

seat 席位

governing body 主管团体

round table 圆桌

to sit a meeting, to meet a meeting, to hold a meeting 召开会议

2. 部门及人称(Department and address of person)

Housekeeping (H/K) 管家部

Front Office (F/O) 前厅部

Human Resources Department (H/R) 人力资源部

Engineering Department (ENG) 工程部

Food and Beverage Department (F&B) 餐饮部

Executive Office (EO) 总办

Security Department (SEC) 保卫部

Sales and Marketing Department (S&M) 销售部

Finance Department (FIN) 财务部

Entertainment Department (ENT) 娱乐部

Kitchen 厨房

GM /General Manager 总经理

EXC GM/Executive General Manager 执行总经理

Deputy GM/ Deputy General Manager 副总经理

Ass GM /Assistant General Manager 总经理助理

Director 总监

AM /Assistant Manager 大堂经理

Manager 经理

Deputy Manager 副经理

MOD/ Manager On Duty 值班经理

Supervisor 主管

Captain 领班

Attendant 客房服务员

Waiter/Waitress 男/女服务员

desk clerk 值班服务员

Clerk 文员

Operator 接线员

Bellboy 行李生

Receptionist 接待员

3. *其他服务常用语*

rent 租金

bill 账单

elevator 电梯

corridor 走廊,回廊

delegation 代表团

extra 额外的,外加的
exchange 交换、兑换、交易
Foreign Exchange Certificate 外币兑换券
receipt 收据
luggage 行李、包裹
administration 管理、经营
note 纸币
registration desk 入住登记处
lobby 前厅
luggage rack 行李架
visit card 名片
identification card 身份证
rate of exchange 兑换率
conversion rate 换算率
charge (动)收费
bill 账单
change money 换钱
procedure 手续、程序
information desk 问询处
luggage label 行李标签
overbooking 超额订房
…percent 百分之…
reasonable (形)合理的
cash (动)兑换,(名)现金
keep (动)保留、保存
bank draft 汇票
accept (动)接受
procedure fee 手续费
fill in the form 填表
management 经营、管理
market price 市价
cashier's desk 兑换处
coin 硬币
accounting desk 账务处

check – out time 退房时间
voucher 代金券；凭证
price list 价目表
check, cheque 支票
sign（动）签字
interest 利息
form 表格
reservation 预订
reception desk 接待处
tip 小费
reservation desk 预订处
luggage office 行李房
…per thousand 千分之……
spare（形）多余的
postpone（动）延期
cancel（动）取消
traveler's cheque 旅行支票
pay（动）付款
fill（动）填写
operator 电话员
house phone 内部电话
special line 专线
dial a number 拨号码
hold the line 别挂电话
can't put somebody through 接不通
ordinary telegram 普通电报
receiver 听筒
city phone 城市电话
telephone number 电话号码
replace the phone 挂上电话
Line, please. 请接外线。
busy(engaged) 占线
send a telegram(cable) 发电报
long distance call 长途电话

telephone directory 电话簿
call somebody up 打电话给某人
can't hear somebody 听不见
can't get through 打不通
inland telegram 国内电报
ordinary mail 平信
switchboard 交换台
signature 签名,署名
international 国际的,世界的
provide with 提供
mini-bar 小冰柜
sort 种类,类别
price 价格,价钱
dollar 美元
service 服务,服侍
of course 当然
rate 价格,费用
tax extra 另加税金
look forward to 期待,希望
receive 接待,接见,欢迎
guest 旅客,宿客
welcome to 欢迎来到……
madam 夫人,女士,太太
trip 旅行,旅程
take care of 管理,照看
baggage 行李
carry 运送,手提
suitcase 手提箱,衣箱
show 带领,指引,给……看
lead 带领,引领,领路
give sb. a hand 帮……的忙
allow 允许,准许
wish 愿,希望
pleasant 令人愉快的,舒适的

enjoy 享受
a good time 快乐时光
pleasure 快乐,愉快,高兴
not at all 不用谢,没关系
mention 提及,提到
registration 登记,注册
at one's service 为……服务
behind 在后面,在……背后
remember 记住,记得
return 送还,还归
check 检查,核对
list 名单,一览表
fill to 填写
form 表格
have a look 看一看
passport 护照
mind 介意,反对
prepare 准备,预备
key card 钥匙卡
seat 座位
file 档案
identification 身份证明
gift 礼品,礼物
elevator [美]电梯
directly 直接地
straight 笔直的
traffic 交通
distance 距离
intersection 交叉点,十字路口
suggest 建议,提出(意见,计划)等
popular 受欢迎的,大众(或某种人)喜爱的
airline 航空公司
wonder 想知道
room number 房间号码

room key 房间钥匙
suite 一套房间
single room 单人房间
double room 双人房间
sitting – room, living – room 起居室
sofa, settee 长沙发
easy chair 安乐椅
armchair 扶手椅
tea table 茶几
desk 书桌
bookcase 书橱
bookshelf 书架
wardrobe 衣柜
built – in wardrobe, closet 壁橱
chest of drawers 五斗橱
screen 屏风
hat rack 帽架
bathroom 浴室
bath tub 浴盆
shower bath, shower 淋浴
cold and hot water taps 冷热自来水龙头
information desk 问讯处
reception office 接待室
hotel register 旅客登记簿
registration form 登记表
newsstand 报刊亭
postal service 邮局服务处
shop 小卖部
bar 酒吧间
lounge 休息厅
roof garden 屋顶花园
billiard-room 球房
dining-room, dining hall 餐厅
men's room 男盥洗室

ladies' room 女盥洗室

cloak-room 存衣处

basement 地下室

二、常见的会议服务英语会话

1. 您需要什么样的房间?

Which kind of room do you want?

2. 我们给您九折优惠。

We give you a 10% discount.

3. 欢迎到我们宾馆来。

Welcome to our hotel.

4. 希望您在我们宾馆过得愉快。

I hope you have a pleasant stay in our hotel.

5. 您要留口信吗?

May I take a message?

6. 对不起,请再说一遍好吗?

Sorry, beg you pardon?

7. 节日快乐!

Happy holidays!

8. 祝您成功!

I wish you success!

9. 谢谢您的忠告。

Thank you for your advice.

10. 非常高兴为您服务。

I'm glad to help you.

11. 很抱歉,那是我的过错。

I am so sorry, it is all my faults.

12. 对不起,打扰您了。

Sorry for disturbing you.

13. 我能为您干点什么?

Can I help you?

14. 请稍等一下。

Please wait a moment.

15. 它在我们饭店对面。

It's just across the hotel.

16. 往左转。

Turn left.

17. 请这边走好吗?

Would you please come this way?

18. 请当心。

Take care please.

19. 再见,希望再见到您。

Hope to see you again. Good bye.

20. 一路平安!

Happy driving!

21. 谢谢您的服务。／乐意为您效劳。

Thank you for your service. ／ I'm always at your service.

22. 对不起,让您久等了。／没什么。

I'm sorry to have you kept on waiting. ／ Not at all.

23. 还有什么能为您效劳吗?／谢谢,你太好了。

Is there anything I can do for you? ／ Thank you . It's very kind of you.

24. 您能帮我一个忙吗?／行,先生(夫人)。

Could you please do me a favor? ／ Certainly, sir(madam).

25. 会议厅在哪里?／在二楼。

Where is the conference room? ／ On the second floor.

26. 什么地方能发传真(电子邮件)?／在商务中心。

Where can I send a fax(an e-mail)? ／ You can send it in the business center.

27. 对不起,盥洗室在哪儿?／请往左(右)拐。

Excause me, where is the washroom? ／ Please turn left(right).

28. 请问电梯在哪儿?／电梯在前面,请一直往前走。

Could you tell me where the elevator is? ／ The elevator is over there, please go ahead.

29. 我能在这儿抽烟吗?／恐怕您不能在这儿抽烟。

Can I smoke here? ／ I'm afaid not.

30. 今天的气温几度?／天气预报最高温度30摄氏度,最低18摄氏度。

What's the temperature today? ／ The weather forecast says the high will be 30℃ and the low will be 18℃.

31. 请填一下这张表格,好吗?／好的。

Could you please fill in the form? / All right.

32. 要送些热茶吗？/不,谢谢！我更想要一杯咖啡。

Shall I bring you some hot tea? / No, thank you. I perfer a cup of coffee.

33. 您喝红茶还是绿茶？/ 我想要一杯绿茶。

Do you like green tea or black tea? / Green tea.

34. 您需要水果还是饮料？/ 我想要一些水果。

What would you like, fruit or beverage? / I'd like some fruits.

35. 有没有矿泉水？/ 请给我一瓶。

Do you have mineral water? / Please give me a bottle.

36. 您的衣牌号是多少？/ 35 号牌。

What's your coat number? / No. 35.

37. 您的衣服内有贵重物品吗？/ 请您自己保管好。

Have you put any valuable in your coat pockets? / Please keep it yourself.

38. 我能帮您提行李吗？/ 非常感谢！

May I help you with your baggage? / Thank you very much.

39. 这是给您的小费。/ 谢谢您,我们不收小费。

Here are the tips for you. / It's very kind of you, but we don't accept tips.

40. 我开窗,您介意吗？/ 不介意,请开窗吧。

Do you mind if I open the window? / Not at all. Go ahead.

41. 请保管好您的衣号牌,凭牌取衣。

Please keep your coat card, and you have to get your coat back with it.

42. 如果你有什么需要的,请叫服务员。

If you need anything, please call the attendant.

43. 很抱歉,先生！我没有听懂您的意思。您能再讲一遍吗？

Sorry, sir, but I don't understand what you mean. Could you say it again?

44. 如果我需要出租车,我该怎么做呢？/ 如果您需要出租车,您可以请服务台为您叫一辆。

If I want a taxi, what should I do? / If you want, you can ask the reception to get one for you.

45. 您的行李过一会儿就送上来。/ 谢谢您的服务。

Your baggage will be sent up soon. / Thank you for your service.

参考文献

[1] 陆永庆,阮益中.现代会务服务.上海:上海交通大学出版社,2005.
[2] 汪珊珊,黄蕾.会议服务.北京:旅游教育出版社,2011.
[3] 栾建国.会议酒店服务与管理.沈阳:辽宁科学技术出版社,2009.
[4] 张杨莉.会议服务.北京:中国人民大学出版社,2007.
[5] 高永荣.会议服务.北京:清华大学出版社,2011.
[6] 谢浩萍.会议服务.上海:格致出版社,2008.
[7] 葛红岩,施剑南.会议组织与服务.上海:上海财经大学出版社,2011.
[8] 梁春燕,李琳.会议组织与服务.北京:北京大学出版社,2010.
[9] 韦志国,杜伟.会议组织与服务.北京:中国劳动社会保障出版社,2012.
[10] 王冬琨,姚卫.酒店服务礼仪.北京:清华大学出版社,2011.
[11] 邓泽民.商务礼仪.北京:科学出版社,2010.
[12] 李晓云.酒店宴会与会议业务统筹实训.北京:中国旅游出版社,2012.

责任编辑:张　萍
图片提供:微图网

图书在版编目(CIP)数据

现代会务服务／艾院主编． ——北京：旅游教育出版社，2015．3（2024.12重印）
新编全国旅游中等职业教育规划教材
ISBN 978-7-5637-3137-4

Ⅰ．①现… Ⅱ．①艾… Ⅲ．①会议—组织管理学—中等专业学校—教材 Ⅳ．①C931．47

中国版本图书馆CIP数据核字（2015）第048704号

新编全国旅游中等职业教育规划教材
现代会务服务
艾院　主编

出版单位	旅游教育出版社
地　　址	北京市朝阳区定福庄南里1号
邮　　编	100024
发行电话	（010）65778403 65728372 65767462（传真）
本社网址	www.tepcb.com
E - mail	tepfx@163.com
排版单位	北京旅教文化传播有限公司
印刷单位	唐山玺诚印务有限公司
经销单位	新华书店
开　　本	710毫米×1000毫米　1/16
印　　张	10.5
字　　数	162千字
版　　次	2015年3月第1版
印　　次	2024年12月第7次印刷
定　　价	25.00元

（图书如有装订差错请与发行部联系）